Milagres do Ágape

Milagres do Ágape

Carol Kent & Jennie Afman Dimkoff

Tradução
Renato Motta

valentina

Rio de Janeiro, 2018
1ª Edição

Copyright © 2011 by Carol Kent and Jennie Afman Dimkoff
Publicado mediante contrato com o proprietário, Howard Books,
um selo da Simon & Schuster, Inc.

TÍTULO ORIGINAL
Miracle on Hope Hill – and other true stories of God's Love

CAPA
Raul Fernandes

FOTO DE CAPA
Arkira/iStock

DIAGRAMAÇÃO
Kátia Regina Silva

Impresso no Brasil
Printed in Brazil
2018

CIP-BRASIL. CATALOGAÇÃO NA FONTE
SINDICATO NACIONAL DOS EDITORES DE LIVROS, RJ
VANESSA MAFRA XAVIER SALGADO – BIBLIOTECÁRIA – CRB-7/6644

K44m

Kent, Carol

Milagres do Ágape: histórias reais e motivadoras sobre o poder do amor de Deus / Carol Kent e Jennie Afman Dimkoff; tradução Renato Motta. – 1. ed. – Rio de Janeiro: Valentina, 2018.

144p. : 21 cm

Tradução de: Miracle on hope hill: and other true stories of god's love

"Versão econômica"

ISBN 978-85-5889-075-5

1. Deus (Cristianismo) – Amor. 2. Milagres. I. Dimkoff, Jennie Afman. II. Motta, Renato. III. Título.

18-51690

CDD: 231.73
CDU: 2-145.55

Todos os livros da Editora Valentina estão em conformidade com
o novo Acordo Ortográfico da Língua Portuguesa.

Todos os direitos desta edição reservados à

EDITORA VALENTINA
Rua Santa Clara 50/1107 – Copacabana
Rio de Janeiro – 22041-012
Tel/Fax: (21) 3208-8777
www.editoravalentina.com.br

FSC
www.fsc.org
MISTO
Papel produzido
a partir de
fontes responsáveis
FSC® C101537

Ao meu marido
Gene Kent

Obrigada por ser meu parceiro da vida inteira,
minha fonte de estabilidade e coragem, e também por fornecer
grandes e equilibradas doses de humor e esperança a cada dia.
Amo "aproveitar a vida" com você!

Carol

Ao meu marido
Graydon W. Dimkoff

Obrigada por todos esses anos de amor, de sonhos,
de apoio físico e moral, por você ser um bom pai,
por saber traçar tantos planos e objetivos, por saber orar e brincar.
Querido, obrigada por me incentivar a escrever —
e por nunca perder esse brilho no olhar.

Com amor, sempre, Jennie

SUMÁRIO

CAPÍTULO 1: Uma Descoberta Inesperada em Manhattan — 10

CAPÍTULO 2: Milagre na Ladeira da Esperança — 16

CAPÍTULO 3: Aconteceu na Varanda — 22

CAPÍTULO 4: O Vestido de Noiva — 28

CAPÍTULO 5: O Anjo Inesperado — 34

CAPÍTULO 6: Vovó Na-na-ni-na-não — 40

CAPÍTULO 7: Beleza Apesar das Cinzas — 48

CAPÍTULO 8: Você Não Pode Contar Isso para Ninguém! — 56

CAPÍTULO 9: A Igreja que Praticava Aquilo que Pregava — 64

CAPÍTULO 10: Fórmula para a Vida — 74

CAPÍTULO 11: Casa à Venda — 82

CAPÍTULO 12: Sapatos Novos para Amber — 88

CAPÍTULO 13: Surpresa em uma Manhã de Domingo — 98

CAPÍTULO 14: O Anel — 104

CAPÍTULO 15: Fazendo Compras com Deus — 110

CAPÍTULO 16: A Favorita — 116

CAPÍTULO 17: A Longa Estrada para Casa — 124

CAPÍTULO 18:	Voltando para Casa	132
CAPÍTULO 19:	Cerejas Cobertas de Chocolate	138
AGRADECIMENTOS		143

> A compaixão nos leva a parar de repente e, por um momento, nos elevamos acima de nós mesmos.
>
> Mason Cooley

CAPÍTULO 1

Uma Descoberta Inesperada em Manhattan

POR CAROL KENT

Era agosto de 1997, e Wendy Harrison estava de férias de seu emprego como cabeleireira em Lakeland, na Flórida. Animadíssima, embarcou no avião para sua primeira viagem a Nova York. Estava louca para experimentar as paisagens, os sabores e os sons da Big Apple. Três horas depois, o avião aterrissou no aeroporto LaGuardia. Ela recolheu a bagagem, saiu e chamou um táxi. Ao se aproximar da cidade, apreciou as silhuetas dos majestosos arranha-céus que se desenhavam no horizonte. Néons gigantescos pareciam acenar para ela, convidando-a para assistir às produções da Broadway. Wendy se sentiu hipnotizada pela eletricidade eufórica da agitada megalópole.

O táxi parou perto da Times Square, próximo de onde o amigo Matt tinha um apartamento. Ele havia se mudado para a cidade grande a fim de trabalhar como bancário, e mais cedo explicara à amiga:

— Meu apartamento fica num bairro chamado Hell's Kitchen, o aluguel lá é um pouco mais barato.

Wendy, depois, soube que aquele bairro era uma área de *destaque* em Nova York, três décadas atrás, no tempo em que ficou famoso por ser o núcleo do crime organizado. Originalmente um baluarte de descendentes pobres de imigrantes irlandeses, Hell's Kitchen havia experimentado uma verdadeira revolução socioeconômica nos anos recentes. À medida que pessoas mais ricas compravam os imóveis, a aparência de todo o bairro começou a se modificar para melhor.

Levou menos de 24 horas para que Wendy percebesse um som onipresente. Era uma espécie de zumbido constante, típico de um centro urbano multiétnico que tinha tanta vida à noite quanto de dia. Logo em seguida, porém, ela fez uma descoberta ainda mais surpreendente. Em um contraste marcante com o esplendor e o glamour da cidade, havia também imagens e sons bem menos atraentes.

Certa manhã, uma mulher vestindo apenas um imenso saco preto de lixo atraiu sua atenção e gritou:

— Tá olhando o quê?

Wendy engoliu em seco. Nunca tinha sido exposta a tal nível de pobreza em toda a sua vida, e percebeu que era mais fácil desviar o rosto e olhar para outra coisa do que lidar com o sentimento de desconforto em ver tantas pessoas necessitadas e não saber a qual delas ajudar. Descendo a rua, observou becos onde traficantes vendiam abertamente crack e cocaína. Essa não era a imagem de Nova York que havia proporcionado tantos sonhos a Wendy.

Alguns dias depois, quando voltava para o apartamento do amigo após mais um dia de compras, olhando atentamente para a frente enquanto carregava um monte de sacolas, sua atenção parou em um rapaz descolado e muito bem-vestido, diante de uma igreja em Times Square — a mesma igreja que visitara no domingo anterior. Ele cortava os cabelos de moradores de rua, e havia uma fila imensa de homens esperando a vez. Atraente, parecia completamente fora do seu ambiente natural. Quando Wendy chegou mais perto, reconheceu o profissional: era um cabeleireiro famosíssimo — um astro entre os cabeleireiros e donos de salões de beleza em todo o país. *Por que estava ali, trabalhando no meio da rua?*, especulou consigo mesma.

Movida por um poder invisível, Wendy colocou as compras no chão e perguntou:

— Olá, tem outra tesoura aí? Estou de férias, e também sou cabeleireira. Parece que você precisa de uma mãozinha. Há muita gente na fila e eu gostaria de ajudar.

Seguiram-se rápidos cumprimentos e apresentações, e a oferta de Wendy foi aceita de imediato. Foi assim que ela se viu cortando os cabelos de pessoas que jamais teria conhecido sob circunstâncias normais. Cada vez que terminava um corte, ela ouvia uma porção de comentários dos beneficiários de um puro ato de bondade espontânea:

"Obrigado, dona, de coração."
"Desculpe por eu estar assim sujo."
"Tomara que eu não esteja fedendo muito."
"Ninguém me contrataria com o cabelo daquele jeito, e eu não tinha dinheiro para pagar um corte profissional. Muito obrigado."

Quando acabou de cortar o cabelo do último cliente do dia, perguntou ao famoso cabeleireiro com que frequência oferecia esse tipo de serviço beneficente.

— Uma vez por mês — respondeu ele. — Isso ajuda as pessoas sem-teto a conseguir um emprego; é o meu jeito de devolver um pouco do que a vida me deu.

Apertando a mão de Wendy em gratidão, o cavalheiro lhe entregou um cartão e disse:

— Se um dia você estiver interessada em trabalhar no meu salão, ficarei honrado em empregá-la.

Wendy agradeceu o convite, percebendo que tinha acabado de vivenciar algo extraordinário: a alegria inesperada que surge quando sentimos o sorriso de Deus iluminando a nossa vida e recebemos o cumprimento de aprovação de um profissional que admiramos. Ali, no coração da Times Square, ela entendeu plenamente o poder da compaixão. É um dom que cobre de bênçãos tanto quem dá quanto quem recebe.

Bem-aventurados os que cuidam.
No instante em que você demonstra
cuidados com uma pessoa,
alguém também cuida de você.

EVANGELHO DE MATEUS — ADAPTAÇÃO DO VERSÍCULO 5:7

> Se eu não puder oferecer aos meus filhos uma mãe perfeita, devo ao menos dar-lhes mais do que eu tive... terei tempo para ouvi-los, para com eles brincar, tempo para estar em casa quando voltarem da escola, tempo para aconselhá-los e encorajá-los.
>
> Ruth Bell Graham

CAPÍTULO 2

Milagre na Ladeira da Esperança

POR JENNIE AFMAN DIMKOFF

A vida era boa. Mark e Beth eram jovens recém-casados, cheios de sonhos idílicos para o futuro, e esses sonhos incluíam formar uma família. Embora Beth, professora do ensino fundamental, amasse cada aluno de sua turma, em pouco tempo ela e o esposo começaram a pensar em conceber um filho. Sabiam que essas coisas não acontecem da noite para o dia, mas os meses se transformaram em anos sem que acontecesse a tão sonhada e planejada gravidez. Foi então que, no outono de 2000, Mark, um mecânico de aviões com 35 anos, recebeu o diagnóstico de câncer nos testículos em estágio 3.

A esperança e o sonho de terem um filho foram despedaçados, e de repente toda a atenção do casal ficou focada na salvação e na sobrevivência deles mesmos. Enquanto a família e os amigos rezavam, Mark enfrentou três meses de rigorosos tratamentos de quimioterapia. Escapou com vida, contudo, a agressividade do tratamento cobrou um preço alto para as articulações de Mark. Aos 40 anos, seus quadris precisaram receber próteses.

Graças à recuperação, veio uma nova oportunidade de emprego na indústria de aviação, e isso levou o casal a se mudar para mais perto de suas famílias. Compraram sua primeira casa na Churchill Street, que ficava no alto de uma ladeira, e decidiram chamar carinhosamente o local de Ladeira da Esperança, pois planejavam enchê-la com crianças no futuro. Pesquisando opções para aumentar a família, conversaram com várias agências especializadas em adoção, mas ficaram desapontados ao perceber que o custo para conseguir uma adoção tradicional seria proibitivo. Também procuraram a opção de adoção de embriões congelados, conhecidos como *snowflakes*. Nessa modalidade, adotariam os embriões congelados não utilizados por casais que realizaram fertilização *in vitro* e já haviam completado a família. Por fim, entraram em um programa de lares adotivos temporários e decidiram dar um passo baseado na fé.

— Não planejem adotar nenhuma criança que recebam em casa porque mais da metade delas volta para suas famílias de origem, ouviram de uma assistente social.

Mark e Beth assistiram às aulas obrigatórias e se tornaram um casal autorizado a receber crianças em casa. Embora percebessem que seria traumático ter de abrir mão de crianças às quais tivessem se afeiçoado, solicitaram para que lhes fosse enviada uma que pudesse ficar com eles por um longo período. Rezaram e refletiram sobre cada um dos nomes que a agência ofereceu e, depois de estarem autorizados havia mais de seis meses, receberam Dakota.

No dia 4 de janeiro de 2005, um garotinho de dois anos com um passado de infortúnios, chegou à sua casa. Com olhos muito brilhantes e um sorriso cativante, o pequeno Dakota conquistou o coração do casal. Beth cantava para ele dormir todas as noites ao longo dos primeiros meses, massageando carinhosamente suas costas enquanto entoava um antigo hino: "Leve consigo o nome de Jesus, criança com pesar e dor. Isso lhe trará muita alegria e conforto. Leve-o sempre no coração, para onde você for..."

A voz de Beth às vezes falhava, e seu coração se inundava de preocupações sobre ter de devolver aquele menininho em algum momento. Meditou muito sobre a responsabilidade e o privilégio que recebeu, e sobre o seu papel de ajudar Dakota a aprender o máximo possível sobre Jesus durante o tempo em que ele ficaria em companhia do casal. Beth se lembrou de Joquebede, a mãe do bebê Moisés, na Bíblia. Embora Moisés fosse seu filho legítimo, Joquebede teve pouco tempo para lhe ensinar tudo que pôde a respeito de Deus, antes de enviá-lo para morar com os que não tinham fé no Senhor.

Chegaram notícias de que a mãe de Dakota estava grávida novamente e o bebê, meio-irmão de Dakota, poderia ser entregue a Mark e Beth logo depois de nascer. No dia 1º de abril daquele ano, pegaram James no hospital e o levaram para casa, três dias após seu nascimento, e receberam a informação de que, embora Dakota não estivesse disponível para adoção definitiva, talvez lhes fosse autorizada a adoção do recém-nascido. A novidade foi empolgante! Essa notícia levou muita alegria à casa, não só para o casal, mas também para toda a família, especialmente seus pais, que se tornariam avós. Ao longo dos dois meses que se seguiram, muito amor e afeição foram direcionados para Dakota e James, o mais novo membro da família.

Foi então que uma notícia terrível chegou. Depois de Mark e Beth terem acreditado que James seria deles, um juiz decidiu entregá-lo ao pai biológico. Arrasados, começaram a se preparar para abrir mão do bebê que haviam aprendido a amar. Seus corações ficaram tão pesarosos que Beth começou a ter náuseas constantes. Sentia-se frequentemente tão mal, que acabou tendo de ir ao médico. Voltou para casa trazendo na mão uma tirinha de papel cor-de-rosa e uma notícia surpreendente que fez seu coração transbordar de alegria.

Estou grávida. Estou grávida! Estou grávida!!!

Aquilo que os médicos haviam lhes assegurado que seria biologicamente impossível tinha acontecido!

A notícia os deixou desnorteados e empolgados ao mesmo tempo. Pela graça de Deus, pouco antes de terem de devolver James, Deus abençoou Mark e Beth com uma inesperada e supostamente impossível gravidez. Foi quando sentiram a mão Divina trabalhando em suas vidas, e essa percepção os ajudou a liberar James, o bebê precioso que já tinham aprendido a amar profundamente.

Aquele ano foi uma verdadeira montanha-russa emocional para ambos. Enquanto a gravidez de Beth avançava, os futuros pais receberam da agência a notícia de que lhes seria possível adotar Dakota! Os direitos dos pais biológicos seriam legalmente cancelados, mas as semanas que vieram a seguir foram uma sucessão de altos e baixos, pois atrasos burocráticos mantiveram em suspenso a possibilidade de o menino ir definitivamente para um lar adotivo. Em vez de se fixarem nos desapontamentos ao longo do processo, Mark, Beth e Dakota resolveram construir maravilhosas recordações, juntos. Um passeio ao circo foi muito divertido, mas o ponto alto, para Dakota, foi assistir a um rodeio com caubóis de verdade e ao vivo! Eles também andaram de trenó, construíram bonecos de neve e desenharam anjos no chão, sobre a superfície nevada. Os processos continuaram a se arrastar nos tribunais, mas, em novembro daquele ano, Mark e Beth finalmente receberam autorização para solicitar oficialmente a adoção.

No dia 4 de janeiro de 2006, exatamente um ano depois da chegada de Dakota em suas vidas, Beth deu à luz Kara, uma linda menina. Dois meses depois de a adoção de Dakota ser oficializada, Mark e Beth celebraram o evento com uma festa em casa, com a presença dos avós e um acender de velas especial, em uma cerimônia semelhante à dos votos alegres e solenes que eles haviam feito no dia do casamento. Com louvores, todos agradeceram a Deus pela dupla bênção.

Quando Dakota fez 5 anos, perguntou:

— Papai, você sempre quis um filho?

— Muuuito, Dakota — reconheceu Mark.

— Por isso Deus *me* enviou para você — disse o menino, deliciando-se com a resposta, e acrescentou: — Sabe de uma coisa, papai? Eu sempre quis um pai exatamente como você, por isso Deus trouxe *você* para *mim*!

Então nossa boca se encheu de riso, e nossa língua entoou cânticos de alegria... O Senhor fez grandes coisas por nós, e por isso, estamos alegres.

SALMOS 126:2-3

> A oração eleva o coração acima das batalhas da vida
> e nos oferece um vislumbre dos recursos de Deus,
> que transmitem vitória e esperança.
>
> C. Neil Strait

CAPÍTULO 3

Aconteceu na Varanda

POR CAROL KENT

Em janeiro de 2007, o marido de Toni, depois de 28 anos de casamento, a abandonou. Ela se agarrou a Deus como nunca fizera antes, consciente de que estava totalmente dependente Dele para sustentá-la e para lhe fornecer todas as necessidades, bem como as de seus dois filhos. Dia após dia, precisava lutar para não deixar as despesas do mês no vermelho.

Certa noite, um ano e meio depois da separação, Toni se viu em um momento de pânico, remoendo pensamentos negativos:

- *Estou sobrecarregada!*
- *Sou insegura e incapaz de cuidar sozinha dos meus filhos.*
- *Estou recebendo bordoadas de todos os lados — no trabalho, em casa, das crianças e do meu ex-marido omisso.*

Depois de gastar todo o curto dinheiro que economizara em alguns poucos mantimentos, pegou o carro e foi para casa. Subitamente, sem conseguir se controlar, Toni começou a chorar. Não foram lágrimas discretas e justas, e sim um *choro de desespero em alto e bom som*, para colocar a dor para fora. Seus ombros se sacudiam violentamente, de forma incontrolável, e ela mal conseguia ver a rua em meio à torrente de sofrimento. Sentia-se perdida em um deserto, sem esperança de socorro. Precisava orar: "Ó Deus, me sinto tão só. Parece que o mundo inteiro está contra mim. Mal consigo raciocinar. Sinto que o Senhor não se importa comigo. Tentei com vontade ser uma boa mãe cristã que cuida das necessidades dos filhos, mas minhas forças estão se esvaindo. Não tenho ninguém que me ajude. Não vejo saída, não consigo enxergar um jeito de sair de baixo dos pesados escombros da minha vida, e já não suporto mais o peso."

Depois de estacionar o carro diante da casa, ficou sentada ao volante por mais meia hora, pois continuava a reclamar com Deus, em voz alta, dos seus infortúnios, mágoas e medos. Olhando pela janela do carro, vislumbrou uma linda lua cheia. *Deus está mais longe de mim do que as estrelas que brilham no céu, a milhões de anos-luz daqui.*

Já eram praticamente 11 da noite quando Toni finalmente se recompôs, a fim de caminhar os poucos passos que a separavam da porta da frente. Ao carregar uma das sacolas de compras até a varanda, reparou que Maria, sua vizinha, tinha acabado de parar com o carro bem diante de sua casa. Maria colocou a cabeça para fora da janela e chamou:

— Olá, como vai?

O gesto amigo, especialmente àquela hora da noite, foi mais que uma surpresa. Afinal, Toni mal conhecia Maria. Eram vizinhas há 10 anos, mas na verdade não se conheciam *de verdade*, como acontece com bons amigos. Toni e Maria se cumprimentavam de vez em quando, mas a vizinha não fazia a mínima ideia dos momentos difíceis que ela enfrentava. Entretanto, Toni *sabia* que Maria também era cristã.

A luz do poste diante da casa de Maria havia queimado e estava um breu, apesar da lua. Toni duvidou muito que Maria percebesse que ela havia chorado, e foi até o carro para desejar boa-noite. Uma mulher que Toni nunca tinha visto antes estava no banco do carona. Assim que a viu, a estranha disse alguma coisa em espanhol, uma frase que ela não compreendeu.

Maria explicou:

— Esta é minha irmã, que mora na Costa Rica. Ela trabalha como missionária na Itália e veio me visitar por alguns dias. Acabou de me dizer que Deus lhe contou que você precisa de orações. Está tudo bem por aí?

Toni quase deixou cair a sacola de compras.

— Não. Para ser franca, Maria, eu não estou *nada* bem.

Uma expressão carinhosa e sincera surgiu no semblante da vizinha, e ela perguntou:

— Podemos orar por ti?

— Acho que Deus enviou vocês aqui para fazerem exatamente isso — respondeu Toni, baixinho.

Maria estacionou o carro e as duas mulheres saltaram. Ela pediu para que Toni esperasse sentada na varanda, enquanto ia pegar o resto das sacolas que ainda estavam no carro. As duas mulheres eram muito mais baixas do que Toni, que tinha 1,76m, e a irmã de Maria fez um sinal, convidando Toni a se sentar em um dos degraus que levavam à varanda, para que pudessem orar por ela. Com gentileza e compaixão, essas duas vizinhas surgidas de forma inesperada começaram a instilar um pouco de fé renovada e coragem revigorada na vida de Toni. A irmã de Maria começou a orar de forma determinada e poderosa, em seu espanhol nativo, enquanto Maria traduzia tudo.

Sem saber sobre o dia de desespero e desânimo que Toni tinha vivenciado, a irmã de Maria colocou as mãos sobre a cabeça de Toni e revelou:

— Deus diz que você não está sozinha. Ele está bem aqui, ao seu lado.

Em seguida, pousou as mãos nos ombros de Toni e disse as seguintes palavras:

— Nunca diga que não pode mais seguir em frente. Você consegue fazer *todas* as coisas por meio Dele.

A irmã de Maria tinha uma fé muito forte e falava com uma confiança em Deus que Toni nunca tinha visto. Logo depois, com mais autoridade ainda, orou intensamente:

— Eu amarro os espíritos do inimigo que estão atuando nesta casa. E também oro pelos seus filhos.

A oração foi tão poderosa que lágrimas voltaram a escorrer dos olhos de Toni, com abundância. Um sorriso de surpresa iluminou seu rosto quando ela pensou: *Se alguém estiver acordado na vizinhança, passar por aqui agora e notar o que está acontecendo, vai presenciar um espetáculo completo — eu chorando, a irmã de Maria falando alto em espanhol e a própria Maria fazendo uma tradução fervorosa.* Por fim, a irmã de Maria colocou a mão sobre o coração de Toni e disse:

— Você está suportando essa carga pesada por muito tempo; em nome de Jesus, você acaba de ser libertada disso.

Toni ficou atônita ao perceber o quanto Deus havia revelado àquela estranha. A irmã de Maria tinha acabado de orar muito, solicitando que o alívio do seu pesado fardo lhe fosse concedido, e também tinha pedido que a paz de Deus inundasse a vida de Toni.

Enquanto as preces continuavam, Toni parou de chorar e vivenciou uma paz singela e misericordiosa que lhe invadia a alma atribulada. O peso gigantesco da tristeza havia sido removido dos ombros, e ela sabia que, agora, conseguiria seguir em frente.

O improvisado grupo de orações na varanda por fim se dissolveu. As irmãs abraçaram Toni com força e se despediram.

Quando as duas mulheres voltaram ao carro, Toni demorou a compreender por completo o que havia acontecido, mas percebeu na mesma hora algo muito significativo. Deus tinha vindo falar com ela pessoalmente e de forma clara, por meio de uma mulher que ela nunca tinha visto antes e jamais tornaria a ver.

    Assim que Toni entrou em casa, seus pensamentos transbordaram: *Tudo, absolutamente tudo que eu argumentei diante de Deus na privacidade do meu carro agora há pouco, foi citado através das preces de uma estranha. Foi como se a irmã de Maria possuísse uma lista com as minhas preocupações; foi como se Deus tivesse dado a ela uma lista completa, para ela ir checando enquanto orava. Nem sei seu nome, mas Deus confiou nela para atender às minhas necessidades quando eu estava desesperada e precisando de muita ajuda.*

    Toni experimentou o toque divino por meio das mãos amorosas e das preces poderosas de uma missionária que falava espanhol e ouviu a suave voz de Deus às 11 da noite. Ela nunca havia tido uma experiência como essa antes, nem voltou a ter depois daquele dia. Porém, no momento em que mais precisava, Deus ouviu seu choro de desespero, cuidou da sua dor e enviou-lhe uma estranha, que reafirmou para ela o Seu amor abundante.

Pois onde estiverem dois ou três reunidos em Meu nome, aí estarei no meio deles.

EVANGELHO DE MATEUS 18:20

> **Permita um lugar para os sonhos
> em suas preces e em seus planos.**
>
> BARBARA JOHNSON

CAPÍTULO 4

O Vestido de Noiva

POR JENNIE AFMAN DIMKOFF

— Puxa, mamãe — perguntei, ansiosa —, a senhora acha que vai ser o suficiente?

— Bem... Terá que ser, querida — replicou minha mãe —, esse é *todo* o dinheiro que podemos gastar.

O ano era 1970. Eu tinha 19 anos, estava na faculdade e já era noiva, prestes a me casar. Meu pai era o ministro de uma pequena igreja e tinha seis filhos. As finanças da família eram muito apertadas, mas eu precisava de um vestido de noiva. Embora papai tivesse cartão de crédito, nunca comprava *nada* com ele, a não ser que tivesse certeza de que conseguiria pagar a fatura. Para aquela tarde especial de compras, ele e mamãe haviam decidido que até 100 dólares poderiam ser gastos no cartão, no máximo mesmo, e essa decisão tinha sido tomada com muita cautela.

Mamãe e eu planejamos empolgadíssimas aquela tarde de compras. Antes de sairmos de casa, ela me abraçou com força e orou, pedindo para que Deus abençoasse o tempo que iríamos passar juntas, e então pedi que o Senhor providenciasse o vestido perfeito para mim, por um preço que pudéssemos pagar.

Quando já estávamos terminando as orações, ouvimos alguém bater na porta. Janet, uma grande amiga da família, entrou. Ela participava do grupo de estudos da Bíblia que mamãe dirigia, e também frequentava a nossa igreja. Era uma pessoa adorável, mas, por dentro, suspirei, antevendo que ela tomaria muito do nosso precioso tempo livre para as compras com conversa-fiada.

Depois de carinhosamente saudá-la, minha mãe explicou que estávamos de saída para comprar meu vestido de noiva. Ela torceu para que Janet entendesse que, *naquele* dia, não tínhamos tempo para receber visitas, nem mesmo para tomar um cafezinho.

— Tudo bem, que bom que eu cheguei antes de vocês saírem! — disse Janet, exibindo um largo sorriso. — Não posso ficar mesmo, mas o Senhor me soprou um desejo no ouvido: sugeriu que eu presenteasse a Jennie com uma ajudinha financeira para ela comprar o vestido, e passei aqui para fazer isso.

Sem mais delongas, entregou um cheque para mamãe, deu um abraço rápido em nós duas e partiu. Mamãe e eu nos fitamos, atônitas, e olhamos para o valor do cheque, que era de 25 dólares; comemoramos em uníssono.

"Agora podemos gastar 125 dólares!"

Com o astral nas alturas, dirigimos por uma hora até o pequeno distrito de compras de Port Huron e entramos na divina seção de roupas e acessórios para noivas da Sperry's, uma loja de departamentos.

Entretanto, nosso astral logo despencou. Vasculhamos em todos os cabides, e a única coisa em comum que havia nos vestidos à venda eram os preços altíssimos, muito além das nossas condições.

Detestei ver os vincos profundos de preocupação que apareceram na testa de minha mãe, e meu único consolo foi não ter encontrado nenhum vestido que achasse perfeito para mim. Enquanto ela analisava mais uma vez, com atenção, os mostruários, circulei pelo salão e vi uma arara de roupas nos fundos da loja. Lá, um dos últimos vestidos pendurados me fez perder a respiração de tão bonito! Era de cetim branco e cintilava com delicadas aplicações de pérolas. Tinha mangas compridas em renda que iam se estreitando ao longo do braço e uma cauda pequena e arredondada. Era incrivelmente elegante.

Tirei-o da arara e coloquei sobre meu corpo no momento exato em que minha mãe vinha em minha direção.

— Puxa, mamãe, *veja só este* que eu achei! — sussurrei, quase sem voz. — Não é perfeito? Eu *amei*!

Em meio ao êxtase com o vestido, não percebi a aflição de minha mãe.

— Quanto custa isso, Jennie? — perguntou, com cautela, tentando manter o tom casual na voz.

— Não sei. Procurei pela etiqueta, mas não achei.

Na mesma hora, mamãe começou a vasculhar o interior do vestido, depois a parte de dentro da gola e as mangas, em busca do preço.

— Não colocaram o preço. — Por um instante ela olhou para mim, que continuava agarrada ao vestido, e sua voz se tornou mais suave. Passou os dedos sobre a renda delicada de uma das mangas e me garantiu:

— É *realmente* uma peça lindíssima, querida.

Ela foi olhar os outros vestidos da arara onde eu havia encontrado aquele, mas voltou desanimada.

— Jennie, esses vestidos devem ser caríssimos. Não consegui encontrar o preço em *nenhum* deles.

— Não podíamos ao menos... *perguntar*? — implorei, detestando ver o ar de apreensão que aumentava nos olhos de minha mãe.

— Olá, queridas! Posso ajudá-las em alguma coisa?

Quando nos viramos, vimos a sorridente gerente da loja ao nosso lado.

— Desculpe tê-las feito esperar. A loja está cheia hoje!

— Bem... — Minha mãe arriscou um gesto na direção do vestido que eu continuava abraçando juntinho do corpo. — Estávamos tentando descobrir o preço *deste* vestido.

— Ah, sim. É que os modelos *desta* arara, infelizmente, não estão à venda — explicou a gerente, sem rodeios. — Os vestidos separados aqui estiveram em exposição na vitrine. Todos precisam de uma boa lavagem a seco. — Ela esticou o braço para recolher o meu tesouro.

— Ma-mas... De todos os vestidos que eu vi na loja, foi esse o que *mais* me agradou — argumentei, com um leve tom de desespero na voz. — É o vestido *perfeito* para mim.

A mulher parou, olhou bem para o vestido, depois para mamãe e novamente para mim.

— Por que você não experimenta, então? — propôs, com gentileza. — Depois, se você *realmente* quiser levá-lo, e se estiver disposta a mandar lavar a seco por sua conta, poderemos fazer um preço especial, deixe-me ver... que tal 25 dólares?

Boquiabertas de espanto, mamãe e eu nos entreolhamos. Então respondi a essa proposta com um "*Sim!*" entusiasmadíssimo, e segui alegremente para o provador.

Nem eu nem mamãe ficamos surpresas pelo fato de o vestido apresentar um caimento perfeito, como se tivesse sido costurado para mim. Afinal de contas... milagre é milagre.

Nenhum ajuste foi necessário. Pagamos pelo vestido de noiva perfeito com os 25 dólares que Deus nos tinha enviado naquela manhã, e ambas entoamos várias vezes a canção "A Deus seja dada toda a glória!", durante o caminho de volta para casa, reconhecendo que nosso Pai Celestial tinha realmente ouvido nossas preces.

> *Não se preocupem com nada;*
> *em vez disso, orem por tudo;*
> *contem a Deus o que vocês precisam*
> *e não se esqueçam de lhe agradecer*
> *as graças que receberem.*
>
> ADAPTAÇÃO DA EPÍSTOLA AOS FILIPENSES 4:6

> **Querido Deus... Sou eu, e é urgente.**
> Marion Stroud

CAPÍTULO 5

O Anjo Inesperado

POR JENNIE AFMAN DIMKOFF

Muito bem, meninas, a discussão gerada pela última pergunta foi muito divertida. Mas, agora, precisamos passar para o tópico seguinte, certo?

As gargalhadas irromperam mais uma vez na sala de estar de minha irmã Bonnie. As mulheres das redondezas que frequentavam o grupo de estudos bíblicos iam criando, aos poucos, laços de amizade, e aquele era apenas o segundo encontro. Bonnie tinha convidado todas as mulheres em um raio de dois quarteirões, talvez mais, e liderava os estudos em seu lar, que ficava a quatro casas de onde eu morava. Doei livros e banhei nossos preciosos vizinhos com minhas preces.

Bonnie continuou:

— A pergunta é: vocês pedem ajuda a Deus regularmente? Quando foi o momento mais recente em que perceberam que Deus atendeu especificamente a uma de suas preces?

Chris Polanski foi a primeira a falar. Nossa vizinha era uma senhorinha miúda, com cerca de 1,50m de altura, 73 anos e muito querida por todos. Dava risadas gostosas e tinha o dom de fazer com que as pessoas à sua volta se sentissem especiais. Sua casa era uma construção histórica de três andares, feita de tijolinhos, em estilo colonial georgiano, tão linda que era parada obrigatória no tour de Natal por nossa comunidade cristã. Sua coleção de antiguidades raras e o refinado bom gosto para decoração transformavam um simples convite para entrar em uma ocasião ímpar. Ela e o marido, Joe, foram casados por 50 anos, mas ele havia falecido logo depois das bodas de ouro. Joe passara os últimos 10 anos da vida de casado muito doente, e Chris foi a pessoa que tomou conta dele durante todo esse tempo. Foi um período duro, pois nos últimos dois anos de vida ele já não reconhecia os filhos e netos, situação dolorosa para Chris e toda a família.

— Como é que você consegue seguir em frente, Chris? — havia lhe perguntado, certa vez.

— Eu simplesmente sigo — disse-me, de forma objetiva. — Amo meu Joe e fiz a promessa diante de Deus, no dia em que nos casamos, de que permaneceria ao lado dele nas horas boas e também nas más. — Nesse instante, seus olhos brilharam e ela riu. — Mas é melhor que a coisa não fique pior do que já está!

Contudo, a situação havia piorado *muito*. Mesmo sendo suas vizinhas, nunca havíamos percebido, até aquela noite, durante o encontro do grupo de estudos, o quanto a rotina de Chris era massacrante em alguns momentos, e o quanto Deus tinha sido generoso e piedoso em uma ocasião em que ela precisou Dele de forma desesperada.

— Vou lhes contar sobre o dia em que Deus atendeu uma prece muito específica — anunciou Chris ao grupo. — Nunca me esquecerei desse dia enquanto viver.

"Essa não é uma história bonita, cuidar de doentes geralmente resulta em histórias pesadas", disse, com tristeza. "Na fase terminal, ele já não tinha mais controle sobre as necessidades fisiológicas. Como ele era muito grande e eu, muito pequena, às vezes o simples ato de trocar sua fralda geriátrica era um desafio quase sobre-humano. Um dia, eu o tinha colocado na cadeira sanitária, sobre o vaso do banheiro do andar de baixo, e, ao abrir a fralda para trocá-la, me deparei com uma sujeira terrível. Precisaria aguentar todo o peso do seu corpanzil para conseguir limpá-lo de forma adequada. Lutei e fiz muito esforço para erguê-lo, mas não consegui. As tentativas e o movimento foram tornando a situação cada vez pior! De repente eu me senti tão exausta e desanimada que simplesmente ergui a cabeça para o alto e supliquei, em pensamento: *Meu bom Deus, por favor, me ajude!*

"Poucos segundos depois, quando ainda lutava desesperadamente para erguer o Joe, escutei alguém abrir a porta da frente da nossa casa e gritar: 'Olá! Oláááá!... Eu ouvi o seu pedido. O que a senhora quer que eu faça para ajudá-la?'

"Fiquei chocada! Era a voz de uma mulher, mas ninguém havia sequer tocado a campainha."

Chris explicou que a voz era de uma jovem que entregava jornais. Ela olhava pelo lado de fora, depois de ter aberto a porta, e espiava o interior da sala com ar de curiosidade. Na verdade, Barb era muito conhecida no bairro, pois realizava pequenos serviços para todos na vizinhança, inclusive limpar o quintal e cortar grama, sempre com um sorriso no rosto.

Chris continuou a história:

— Fui até a porta e perguntei do que ela estava falando, e ela me disse: "Eu estava do outro lado da rua, entregando jornais, quando ouvi seus gritos suplicando por socorro e aqui estou para ajudá-la. O que a senhora precisa que eu faça?"

"Minha primeira reação foi de puro choque por aquela jovem ter aparecido", contou Chris. "Tudo bem que ela estivesse do outro lado da rua, mas a verdade é que eu não tinha falado nem uma única palavra *em voz alta*, apenas em pensamento! Além do mais, só de imaginar envolver alguém numa confusão tão íntima e desagradável como aquela já me deixava constrangida", acrescentou. "Entretanto, eu de fato precisava desesperadamente de ajuda naquele instante, e Barb estava bem ali, diante de mim. Sem dúvida fora Deus que a tinha enviado, em resposta ao meu apelo. Antes de convidá-la para entrar, porém, era preciso prepará-la de forma adequada para a situação terrível que ela iria enfrentar. Expliquei o que estava acontecendo e disse: 'Se você puder pelo menos erguer o meu marido da cadeira sanitária, eu limpo toda a sujeira na parte de baixo.'

"Vocês imaginam o que aquele anjo me disse?", perguntou Chris ao grupo. "'Lógico, sra. Polanski. Eu costumava ajudar meu pai a se limpar. Ele ficou completamente incapacitado, antes de falecer. E não se preocupe com o cheiro. Vamos lá que eu vou ajudá-la.'"

Bonnie foi pegar uma caixa de lenços de papel e os distribuiu para todas as mulheres do grupo, porque Chris não era a única que chorava baixinho no fim daquela história franca e comovente. O testemunho de Chris foi um dos primeiros a criar um laço realmente forte em nosso grupo de vizinhas. Seu relato nos serviu para lembrar que

Deus não apenas é mestre em ouvir os apelos dos nossos corações e em atender as nossas preces, como também adora usar pessoas muito especiais para nos acudir e cuidar de nossas necessidades no momento exato em que mais precisamos delas.

Lançai sobre Deus toda a vossa ansiedade, porque Ele cuida de vós.

PRIMEIRA EPÍSTOLA DE PEDRO 5:7

> **Sem desperdício, sem escassez.**
>
> AUTOR DESCONHECIDO

CAPÍTULO 6

Vovó Na-na-ni-na-não

POR JENNIE AFMAN DIMKOFF

Eu tive uma avó malvada. A maioria das minhas amigas tinha histórias maravilhosas sobre as avós, mas não eu. Vovó Gertrude era minha adversária. Eu me apavorava por completo quando ela vinha nos visitar. Sempre que vovó aparecia, as meninas da família Afman eram arrumadas com todo o cuidado e colocadas em fila para beijar sua bochecha e lhe dar as "boas-vindas". Após o meu beijinho respeitoso, assim que ela se virava para outro lado, eu rapidamente limpava a boca com as costas da mão.

Vovó era uma mulher miúda e magra, que se inclinava para a frente e se empinava toda quando andava. Sempre usava roupas escuras, e seus tornozelos viviam apertados por sapatos pretos de cadarço que a faziam parecer uma matrona. Quando eu era pequena, lembro que suas canelas magras mais pareciam ossinhos de frango.

Vovó Gertrude não gostava de mimar os netos e, talvez por isso, não nos dava balas, doces, nem brinquedos no Natal; também não se lembrava dos aniversários. A única coisa da qual ela fazia questão absoluta era que nós comêssemos todos os legumes e verduras do prato; vovó adorava nos dar ervilhas em lata. Ainda me lembro daqueles dias como se fosse hoje!

A colher veio se agigantando na minha direção. Na altura dos olhos, ela parecia flutuar diante de mim. Meu estômago ficou embrulhado e o cheiro das ervilhas penetrou minhas narinas. A bile me subiu pela garganta no instante em que dedos de aço me apertaram o queixo e me obrigaram a abrir a boca.

... Acordei assustada! Uma onda de alívio me inundou. Ufa, tinha sido um sonho. Encostada na cabeceira da cama e respirando com dificuldade, a realidade do que provocara o pesadelo veio à minha mente. Ela vai chegar hoje! Vovó Gertrude está vindo passar uma semana *inteira* em nossa casa — e ela sempre traz ervilhas em lata.

— Jennie Beth, levante-se, querida! Vai se atrasar para o ônibus da escola. Ainda precisa tomar seu café da manhã, vestir a fantasia de Halloween... Você não quer perder a festa, quer? — A voz de minha mãe trouxe paz e alegria depois de uma noite assombrada por ervilhas em lata. Ainda sonolenta, me arrastei pelas escadas até o andar de baixo e acabei me envolvendo com a empolgação que reinava na casa. Mamãe penteou meus cabelos compridos e prendeu sobre eles uma faixa branca com uma cruz vermelha bordada a mão. Fizera a fantasia sozinha na véspera, e eu adorei a roupa.

— Você vai ser a enfermeira de oito anos mais bonita do mundo — garantiu-me ela, com um beijo. Sua imensa barriga parecia pulsar entre nós, e deixei meu rosto encostado ali por um instante.

— O novo bebê vai chegar hoje, mamãe? — perguntei.

— Estou achando que sim — respondeu ela. — Agora chame a Carol e corram, senão vocês vão se atrasar!

— Vovó tem mesmo que vir, mamãe? Eu não queria que ela ficasse aqui conosco.

— Jennie, não diga isso! Sua avó vai nos ajudar enquanto eu vou para o hospital. Seja boazinha e ajude-a a tomar conta de suas irmãs menores. Ah, e coma *tudinho* que a vovó colocar no prato. Você sabe o quanto isso é importante para ela.

Engolindo em seco para evitar uma nova onda de náusea, fui para a escola, desejando ser uma enfermeira de verdade, pois assim poderia ir para o hospital com a minha mãe.

Na hora do recreio, contei para minha amiga Sarah que vovó Gertrude estava vindo. Sua reação me deixou atônita.

— Puxa, Jennie, como você é sortuda — vibrou ela, com uma ponta de inveja. — Eu adoraria que minha avó viesse me visitar hoje. *Vózutcha* sempre traz guloseimas deliciosas na bolsa e lê histórias para eu dormir.

Os comentários de Sarah me deixaram ainda mais deprimida. Não tínhamos um apelido simpático como *Vózutcha* para tratar nossa avó. Na verdade, eu secretamente me referia a ela como vovó Na-na-ni-na-não, porque nos negava tudo, e a única "guloseima" que trazia eram aquelas malditas ervilhas, além de nunca nos deixar fazer nada divertido.

Um carro que me pareceu familiar ultrapassou o ônibus escolar, quando voltávamos da escola. Ao chegar à esquina seguinte, papai saltou do carro e acenou para que o ônibus parasse. Eu nunca o vira tão empolgado.

— É *menino!* — gritou. — *Menino!* — A acompanhante permitiu que saltássemos do ônibus e fizéssemos o resto do caminho até em casa com o nosso exultante pai que, depois de ter quatro filhas, acabara de ganhar um herdeiro!

Quando entramos em casa, vovó Gertrude chegou a *abrir um sorriso* quando papai lhe contou a novidade, muito empolgado, e riu ainda mais quando soube que o menininho receberia o nome de Ben, em homenagem ao seu falecido marido, pai de papai.

— Finalmente teremos um menino para levar em frente o nome da família Afman — disse ela com satisfação, mas logo fechou a cara e deu início aos preparativos para o jantar.

— Meninas! — ordenou, batendo palmas com aquele seu jeito abrupto. — Coloquem a mesa!

Carol botou os pratos e os copos, e eu, os talheres, olhando apavorada para a cozinha, onde vovó preparava a janta. Uma imensa lata de ervilhas estava na pia, bem na altura dos meus olhos, e eu sabia que vovó Na-na-ni-na-não e eu ficaríamos à mesa por uma hora a mais que os outros. Era inevitável, então pressenti que, mais uma vez, nós duas permaneceríamos trancadas na sala de jantar, disputando uma terrível queda de braço, até que meu prato estivesse completamente vazio.

No dia seguinte, quando papai voltou do hospital, conversamos um pouco:

— Por que a vovó Gertrude é tão malvada? — perguntei.

— Bem, querida, não creio que *ela* ache que está sendo malvada; muito pelo contrário — replicou papai.

— Mas ela me obriga a comer coisas que eu *odeio*! Não me deixa levantar da mesa até eu comer a última garfada, e juro que ela coloca a maior porção de vegetais no *meu* prato! — reclamei.

— Ora, Jennie, por favor! — reagiu ele. — Se a vovó faz isso é porque te ama e se preocupa com sua saúde, lembra quando você foi internada no hospital com febre reumática? Ela quer ter certeza de que você vai crescer forte e saudável.

— Mas isso não é *justo*! — choraminguei.

Papai se manteve calado por um minuto, com os pensamentos longe dali, até que resolveu falar:

— Jennie, você sabia que seu avô Ben morreu quando vovó Gertrude tinha apenas 45 anos? Isso pode parecer uma idade avançada para você, mas é muito cedo para uma mulher ser deixada com quatro filhos para criar.

— Não, eu não sabia. — Meu pai nunca tinha nos contado essas coisas antes. — Quantos anos *você* tinha, papai?

— Dezesseis. — Suspirando, ele continuou: — Para ser franco, seu avô tinha problemas com a bebida, e nem sempre cuidava muito bem da nossa família. — Ele me olhou fixamente. — Às vezes, uma única lata de ervilhas era tudo o que tínhamos para jantar, Jennie. A vida sempre foi muito dura e implacável com a vovó.

"Sua mãe deu à luz vocês todas, e agora o seu irmãozinho, em um bom hospital, protegida por todos os cuidados. Vovó Gertrude deu à luz oito bebês em casa, mas só quatro sobreviveram. A vida dela foi sempre muito, muito difícil."

Papai deu uma palmadinha carinhosa em meu queixo e se levantou para descer as escadas.

— *Tente* ser grata por ter sua avó conosco esta semana, pode ser? — pediu ele. — Quando fizer suas orações hoje à noite, peça a Deus para te ajudar.

No dia seguinte, olhei para vovó de forma diferente. Seu vestido preto, muito severo, continuava igual, e ela caminhava com o mesmo jeito ligeiro de quem tem um propósito urgente, mas também reparei outras coisas nela. Vovó era uma mulher determinada, que apesar das grandes perdas na vida nunca demonstrou autopiedade. Nunca desperdiçou nada, e todos os seus atos tinham um motivo específico. Uma semente de respeito pela minha avó começou a germinar em meu coração de menina de oito anos.

Décadas se passaram desde aquela semana memorável. Vovó Gertrude está no céu agora, junto de suas duas irmãs. Gosto de pensar nela lá, amando a Deus, aprendendo a rir com desprendimento e repousando sob os cuidados carinhosos do Pai. Percebo agora que aprendi algumas valiosas lições com ela: vegetais são bons para a saúde; trabalhe com vontade, evite desperdícios e não desista quando a vida estiver difícil. Também aprendi que quando eu for avó, algum dia, não deverei nunca, nunquinha mesmo, visitar meus netos levando latas de ervilhas!

Suponho que ela ficaria feliz em descobrir que eu tenho um livro publicado sob o nome de Jennie *Afman* Dimkoff, e que continuo usando profissionalmente o nome da família de meu pai, apesar de ser casada. A maioria sente gratidão quando percebe que Deus estendeu Sua mão sobre um filho e removeu a amargura do coração de uma criança. Eu me arrependo de ter limpado todos aqueles beijos, nos tempos de menina. Um dia, espero poder me encontrar com minha *nova* vovó Gertrude no céu, para ter a chance de correr alegremente ao seu encontro e dar um abraço bem apertado nela.

*Ouve teu pai, que te gerou;
e não desprezes tua mãe nem tua avó
quando elas envelhecerem.*

LIVRO DOS PROVÉRBIOS 23:22

> **Encoste sua cabeça no peito de Deus e chore.**
>
> Nicole Johnson

CAPÍTULO 7

Beleza Apesar das Cinzas

POR JENNIE AFMAN DIMKOFF

— Karen, saia! Saia agora!!!

Totalmente desorientada, engatinhando pelo quarto, Karen fez um esforço para tentar enxergar através da fumaça espessa.

— Saia já e vá procurar ajuda! Deixa que eu pego as meninas! — gritou Willie, desaparecendo em meio à fumaça densa e seguindo na direção do quarto das filhas do casal.

Karen já havia tentado salvar as filhas quando o marido desceu para verificar a extensão do incêndio, mas a fumaça era densa demais. Eles não faziam ideia de que ela já havia invadido o duto de ventilação e saíra diretamente no quarto das meninas. Karen esperou ansiosamente que Willie saísse lá de dentro com as filhas, mas ele não apareceu. Os segundos se passaram e Karen se sentiu grudada no chão do quarto, até que, por fim, percebeu que tinha perdido as três pessoas que mais amava no mundo. O choque foi tão grande que ela simplesmente se deixou ficar ali sentada, enquanto as labaredas ardiam cada vez mais alto e cada vez mais próximo. Karen não sabia se devia permanecer ali e morrer com eles ou tentar escapar.

Uma explosão no andar de baixo a fez acordar do transe de forma abrupta. Pulou de susto e entrou em ação. Precisava buscar ajuda! Tentou descer pelas escadas, mas seus pensamentos estavam completamente desordenados por causa da fumaça. Seria melhor tentar salvar um dos álbuns de fotos naquele cômodo da casa ou procurar as chaves do carro? Não. Estava quente demais, o incêndio se espalhava freneticamente, havia goteiras de fogo e tudo explodia! Recuando para a suíte principal da casa, Karen correu para a janela. Milagrosamente, na semana anterior, Willie havia colocado uma escada do lado de fora da casa — e ela estava encostada na janela do quarto! Depois de lutar com dificuldade para abrir a janela, Karen rastejou por cima do peitoril, tentando sentir a ponta da escada em meio à escuridão. O calor do fogo era avassalador, logo atrás dela. Naquele desespero, nem pensou no ar gelado que a esperava do lado de fora. Vestia apenas o pijama de calça comprida e meias, e quando chegou ao chão correu na direção dos vizinhos mais próximos, que moravam a cerca de 400 metros dali, pela estrada de terra. A temperatura estava baixíssima e, além da friagem e da escuridão, chovia. Eram duas e meia da manhã, na madrugada do dia de Natal.

Uma visão chocante aguardava os vizinhos quando eles foram acordados. Sob a luz forte da varanda da casa estava Karen Royster, morrendo de frio, vestindo um pijama todo coberto de cinzas, as pontas dos cabelos chamuscadas e a pele muito queimada. Ela não enxergava direito, respirava com dificuldade, sugando o ar com força, e parecia frenética devido ao pânico e à dor. Os veículos de emergência foram chamados e os bombeiros apagaram as chamas da casa da família Royster, que ficou completamente destruída. O corpo de

William Royster foi resgatado. Segurava nos braços as filhas Rachel, de seis anos e Ruth, de quatro. Karen foi levada de ambulância para o hospital, onde passou quatro dias internada em tratamento de cegueira temporária, inalação de fumaça, queimaduras e lesões nos pulmões.

Deitada na cama de hospital, lembranças maravilhosas lutavam com a dor da dura realidade. A véspera de Natal tinha sido perfeita. Ela e Willie haviam decidido começar uma nova tradição de família com as meninas. Aconchegados no sofá, seu amoroso e atraente marido tinha lido para as filhas, na Bíblia, a história do nascimento de Cristo. Depois, em vez de deixar as meninas esperando até a manhã de Natal, os pais permitiram que cada uma delas abrisse um presente. Foi uma inesquecível noite em família e, por volta das nove, colocaram na cama, com muito carinho, as filhas ainda empolgadas pela noite emocionante. Depois disso, Karen e Willie tinham ficado acordados até meia-noite, embrulhando os presentes dos familiares que viriam no dia seguinte para o jantar de Natal. Foram momentos plenos de alegria. Antes de subirem para o quarto, Willie havia abastecido o fogão a lenha.

O agente funerário procurou por Karen quando ela ainda estava no hospital, para tratar da cerimônia fúnebre. Terrivelmente despedaçada, ela encontrou um estranho conforto ao saber que havia um caixão grande o bastante para que seus três amados fossem enterrados juntos. Apesar de a equipe médica ser muito eficiente e cuidar de todas as necessidades físicas de Karen, eles não podiam fazer nada pelo seu espírito destroçado. Assim que o agente saiu, ela chorou de desespero: "Meu Deus, está tudo destruído. Uma vida inteira acabou de virar cinzas!"

Karen não tinha mais marido, nem filhas, nem casa, nem bens de nenhum tipo. Eles não tinham seguro de vida, e o valor da apólice do seguro do imóvel era muito menor do que a casa valia. Aos 33 anos de idade, não lhe restara absolutamente *nada*.

Deitada ali, em total desolação, Karen foi percebendo a presença do Senhor ao seu lado, e uma voz calma falou diretamente à sua alma: "Você tem tudo o que precisa, Karen, porque ainda tem a mim."

O Senhor, silenciosamente, fez com que ela se lembrasse da história de Pedro, que conseguia caminhar sobre as águas em meio a uma violenta tempestade, desde que mantivesse os olhos fixos em Jesus. Ali, no hospital, Karen foi inundada por uma inesperada sensação de paz, e permaneceu firme na ideia de que, desde que mantivesse a mente e o coração em Jesus, ela conseguiria ser carregada através da dolorosa tempestade que os ventos da vida lhe trouxeram.

Do seu leito, ela escreveu uma linda carta para Willie e para as meninas, uma carta que seria lida no velório. O texto começava com uma lembrança amorosa do marido, seu verdadeiro herói, por amá-la tanto e por abrir mão da própria vida tentando salvar as filhas. A carta terminava assim:

P.S.: Obrigada, Jesus. Embora eu esteja afastada das minhas menininhas preciosas, é um conforto saber que Willie segurava Rachel e Ruth nos braços quando eles foram conduzidos ao céu para ver o Senhor face a face. Vou manter Sua Palavra junto do meu coração e ler o que está escrito no Segundo Livro de Samuel, capítulo 1, versículo 23, que diz: "Foram tão amados e queridos na vida que, também na morte, não se separaram."

Disseram a Karen que ela havia perdido tudo no incêndio, mas, como ela continuou agarrada à sua fé como uma tábua de salvação, Deus a agraciou com duas bênçãos que lhe trouxeram muita alegria. Só duas coisas haviam sido salvas do incêndio devastador. A primeira era um álbum com fotos preciosas de Willie, Ruth e Rachel. Apesar de arruinado por fora, as fotos estavam em perfeito estado, e isso representou um presente de valor incalculável para Karen.

A segunda bênção foi um grande amigo de Karen, Ray Carver, que apareceu na casa logo depois do incêndio e conseguiu convencer os bombeiros a deixá-lo entrar em meio aos destroços. Karen sabia tocar violino clássico, e chegara a dar aulas à filha de Ray. Procurando cuidadosamente por entre os escombros ainda fumegantes, ele encontrou o que procurava. Ali, nas cinzas, estava a caixa do violino de Karen. Ele torceu para encontrar um tesouro intacto. O estojo estava muito quente. Depois de removê-lo das ruínas com máximo cuidado, ele ligou para um amigo restaurador e perguntou o que deveria fazer em seguida. O restaurador o orientou a não abrir o estojo sob nenhuma hipótese, até que o objeto tivesse esfriado por completo. Então, quando o estojo foi finalmente aberto, o valiosíssimo violino de Karen, que era tcheco, fora fabricado a mão e tinha 200 anos de idade, foi encontrado com uma única corda arrebentada e pouquíssimos danos provocados pela água!

Diante da fé inabalável em Deus ao longo das semanas e meses que se seguiram, o Senhor cuidou bem de Karen. Um fundo para ajudar com as despesas do sepultamento e suas necessidades imediatas foi criado por meio da igreja, e uma amiga que passava o inverno na Flórida permitiu que ela se instalasse em sua casa vazia. Fulminada pelo luto e sentindo-se terrivelmente só, Karen passava os dias lendo a Palavra de Deus e tocando violino. Naqueles momentos calmos em companhia do Senhor, descobriu um inesperado consolo: começou a cantar. Apesar de toda a sua formação musical, nunca tinha sido cantora. Agora, as canções traziam alegria e paz à sua vida.

Ela continuava insegura com relação ao futuro, mas os amigos se ofereceram para ajudá-la a reconstruir sua vida. Antes de tomar qualquer decisão a respeito, um amigo de Karen, que era ministro religioso, a convidou para ir ao serviço de domingo à noite, em sua igreja em Newaygo, para tocar violino, cantar e compartilhar seu testemunho pela primeira vez desde a tragédia.

Naquela noite, Al Brunsting, um solteirão convicto, estava na plateia vendo Karen cantar, e reparou que seu belo rosto parecia irradiar um profundo amor pelo Senhor. Inclinando-se para um amigo ao lado, ele sussurrou:

— Bem que eu gostaria de conhecer uma jovem como essa.

Em seguida, quando Karen contou sua história, em meio a longos e emocionados intervalos, Deus tocou o coração de Al com uma compaixão profunda e um desejo de conhecer, ajudar e confortar aquela jovem. Al era um empresário, mas também bombeiro voluntário. Devido a isso, foi capaz de compreender a experiência de Karen melhor do que muitos dos que estavam presentes ali.

Duas semanas se passaram. Al escreveu uma carta a Karen, perguntando se poderia visitá-la. Apesar de receosa, aceitou. Ele fez a viagem de duas horas e meia de carro na semana seguinte e, um em companhia do outro, foram visitar o túmulo da família dela, levando flores. Era o dia do aniversário da pequena Rachel, e os dois visitantes choraram juntos. À medida que as semanas e meses foram passando, um amor suave começou a florescer.

No dia 4 de julho daquele mesmo ano, eles se casaram. Al brincou o tempo todo, dizendo aos convidados que havia perdido sua independência pessoal no Dia da Independência dos Estados Unidos. Juntos, enfrentaram um futuro que incluiria dias cheios de alegria e súbitas crises de pesar profundo, à medida que mais lembranças surgiam, mas Deus colocara Al na vida de Karen para que ela não tivesse mais de enfrentar esses momentos de dor sozinha. Logo depois do casamento, Karen ficou grávida, e se tornou claro que Deus pretendia abençoá-los de forma abundante! Quando já estava com oito meses de gravidez, Al mediu a fina cintura de outrora de sua esposa, que havia crescido muito e alcançara a marca de 125 centímetros! Duas semanas mais tarde, na véspera do Dia das Mães, os gêmeos Sarah e Seth vieram ao mundo.

— Talvez jamais tenhamos todas as respostas sobre o porquê de as coisas acontecerem em nossas vidas — diz Karen —, mas acredito que é nos momentos de profundo desespero que vemos as maiores demonstrações divinas de amor e fidelidade.

Transformaste o meu pranto em folguedo; desataste o meu pano de saco e me cingiste de alegria.

SALMOS 30:11

> **Sua irmã é um espelho que, com seu brilho,
> reflete um mundo de possibilidades.**
>
> Barbara Alpert

CAPÍTULO 8

Você Não Pode Contar Isso para Ninguém!

POR CAROL KENT

Julie estava pensativa. *Toda menininha devia ter uma irmã*, refletiu. A própria Julie tinha um irmão dois anos mais novo, mas desde que se entendia por gente ela esperava por uma irmã mais velha, alguém com quem pudesse dividir não só as roupas, mas segredos e sonhos. Muitas vezes fingia que sua tia ou sua babá era uma irmã mais velha. À medida que o tempo passava, começou a implorar para que a mãe tivesse outro bebê.

A mãe de Julie ria muito e dizia:

— Julie. E se eu tivesse outro bebê e nascesse menino?

— Não! De jeito nenhum! — replicava Julie, com as mãos nos quadris. — Preciso de uma irmã! Por favor, mamãe.

O tempo foi passando e, aos 24 anos, Julie estava recém-casada; ela e a mãe trabalhavam na mesma empresa. Certa tarde, sua mãe lhe perguntou se arranjava um tempinho para encontrá-la do lado de fora do prédio, onde poderiam conversar sem interrupções. Julie explica, empolgadíssima, o que aconteceu em seguida:

— Ficamos sobre a passarela do lado de fora do edifício onde trabalhávamos. Minha mãe acendeu um cigarro e disse, com toda calma: "Tenho algo para lhe contar." Deu uma longa tragada no cigarro, soltou a fumaça lentamente e revelou: "Você tem uma irmã mais velha."

Atônita, Julie olhou para a mãe com apreensão e reserva. *Teria enlouquecido?* Os pensamentos de Julie se atropelavam enquanto ela absorvia a bomba surpreendente e chocante que sua mãe acabara de lançar.

— Como isso pode ser possível, mamãe? — perguntou, sem hesitar.

— Eu fiquei grávida aos 17 anos — foi a resposta imediata da mãe.

Por alguns momentos, Julie permaneceu muda, desconcertada e perplexa diante da chocante revelação. Foi então que a mãe rapidamente acrescentou:

— Você não pode contar isso para ninguém!

Quando a mãe de Julie era adolescente, ter um filho fora do casamento representava algo deplorável. Filha de um orgulhoso veterano de guerra grego, ela sabia que seria a vergonha da família. Mais tarde, Julie descobriu que a mãe havia fugido de casa nessa ocasião, conseguiu uma carteira de identidade falsa e encontrou hospedagem e compaixão no Abrigo St. Vincent, uma instituição católica para jovens solteiras que haviam engravidado por acidente.

Ao longo do tempo, mais detalhes do passado foram surgindo. O bebê nasceu em novembro e a mãe de Julie o entregou para adoção, oferecendo o mínimo de informação possível para os registros permanentes da criança. Tudo o que ela queria é que a família adotiva soubesse que a bebê já tinha sido batizada com o nome de Nanette.

 Durante alguns anos, Julie passou a se sentir exultante ao pensar que em algum lugar do mundo ela realmente tinha uma irmã — uma irmã mais velha "de verdade" —, mas essa alegria era sempre seguida pelo desapontamento de perceber que jamais iria conhecê-la. Jamais não! Ela iria, pelo menos, tentar. Então se lançou em uma busca secreta para encontrar Nanette, mesmo tendo apenas o mínimo de informações. Entretanto, todas as tentativas foram infrutíferas.

Em um subúrbio de Chicago, Nanette, de 12 anos, estava sentada no último degrau da escada que levava ao segundo andar de sua casa, em uma noite em que seus pais recebiam visitas. Ouvindo a conversa dos adultos, descobriu que tinha sido adotada ainda bebê. Os pais de Nanette haviam mantido a adoção em segredo para a maioria das pessoas. A menina tinha sido criada na casa de um médico rico, mas sofrera rejeições por parte da mãe adotiva e também de outros membros da família. Embora o irmão também fosse adotado, a mãe fazia questão de deixar claro que ele era o filho favorito, o que provocava em Nanette baixa auto-estima e sentimentos de isolamento. Quando cresceu, Nanette sentiu vontade de conhecer suas verdadeiras origens. Ela se perguntava: *Quem são meus pais verdadeiros? Por que fui entregue para adoção? Será que eu tenho outros irmãos?*

 A carência só aumentava enquanto ela ansiava por um lugar onde encontrasse aceitação e amor incondicionais.

Um belo dia, Nanette descobriu que sua adoção tinha sido promovida por uma organização católica voltada para caridade, a Catholic Charities. Quando chegou aos vinte e poucos anos, começou a escrever à organização perguntando sobre a mãe biológica. A administradora lhe enviou uma carta muito gentil, mas informou que os registros sobre seu caso estavam lacrados e não poderiam ser divulgados a ninguém.

Cinco anos se passaram depois da conversa com a mãe na passarela, e corria o mês de janeiro. Julie estava grávida do primeiro filho. Um dia, o telefone tocou. Era sua mãe, mas a voz parecia tensa, como se algo estivesse errado. Julie perguntou o que havia acontecido e ela respondeu:

— Nada não. Não há nada errado.

Julie insistiu e sua mãe, por fim, desabafou:

— Recebi uma carta hoje.

Por instinto, Julie reconheceu a causa da ansiedade da mãe e perguntou, sem pensar:

— Foi do Abrigo St. Vincent, não foi?

— Como é que você sabe? — A mãe estava incrédula.

Como é que eu sei? Senti em meu coração que estava para receber as informações pelas quais busquei minha vida toda.

Com empolgação cada vez maior, Julie perguntou o que a carta dizia. A resposta imediata foi:

— Você não pode contar isso para ninguém!

Julie ficou frustrada, mas, no fundo, sabia que a mãe estava estupefata com a notícia que acabara de receber. Por fim, ela disse:

— Sua irmã quer me conhecer.

Julie se mostrou tão empolgada que mal conseguiu conter a emoção:

— Mamãe, isso é incrível! Eu sonhava em ter uma irmã desde que era criança, e agora ela quer conhecer você? Isso quer dizer que *nós* vamos conhecê-la!

A mãe de Julie disse, com ar sombrio:

— Não tenho certeza sobre essas coisas e não sei exatamente o que devo fazer.

Logo ficou claro que a mãe de Julie estava preocupada com a reação da família. Sentia-se temerosa por contar aos pais, ao filho e aos outros parentes. Aquele segredo ficara guardado por muito tempo. Entretanto, Julie estava tão empolgada que não via nenhuma desvantagem na situação. Tinha uma irmã que queria conhecer a família biológica! Julie conversou com a mãe mais um pouco e a incentivou a assumir o risco.

Alguns dias depois, a mãe de Julie concordou em se encontrar com Nanette. A funcionária da agência de adoção foi muito prestativa. Elas combinaram de se encontrar em um restaurante em Darien, no estado de Illinois. A mãe e o pai de Julie chegaram mais cedo e se sentaram, esperando, nervosos, pela chegada de Nanette.

De repente, uma linda mulher entrou pelo restaurante. Foi o pai de Nanette que a viu primeiro. Seus olhos se encheram de lágrimas e ele exclamou:

— Meu Deus, é Julie!

Não, era Nanette, mas ela se parecia muito com a Julie. A semelhança era impressionante!

Seguiram-se saudações calorosas, abraços, beijos e muitas perguntas. Nanette descobriu que os pais biológicos haviam se casado não muito depois de ela ter sido adotada, pois estavam apaixonados e sua mãe estava grávida novamente — dessa vez de Julie. A essa altura, sua mãe já tinha completado 18 anos. Nanette ficou sem palavras quando ouviu o pai contar: papai me deu "a maior surra da minha vida" quando descobriu que eu tinha engravidado minha namorada.

Nanette ficou atônita ao saber que os pais verdadeiros continuaram juntos, casaram e ainda tiveram mais dois filhos. Lágrimas lhe escorreram pelo rosto quando descobriu que dois anos depois de Julie nascer, Peter veio ao mundo. Havia uma irmã e um irmão em sua vida dos quais ela nunca sequer tinha ouvido falar!

Algumas semanas mais tarde, a família inteira se juntou para jantar. Assim que Nanette entrou na casa, foi alegremente apresentada a todos. Por um momento, o tempo pareceu parar quando Nanette e Julie deram uma boa olhada uma na outra. Foi como se as duas estivessem se olhando no espelho. Os cabelos escuros eram idênticos no tom e no corte. Os traços faciais eram tão semelhantes que elas pareciam gêmeas. O coração de Julie quase pulou do peito quando pensou: *Finalmente eu tenho uma irmã de verdade!* Elas se apaixonaram uma pela outra na mesma hora.

Passaram-se 16 anos desde o fantástico reencontro. Julie e Nanette se tornaram grandes amigas. Viveram momentos de extrema felicidade e também tempos difíceis, mas elas sempre encontraram, uma na outra, conforto, apoio, alento e alegria em um relacionamento que nunca deixou de florescer.

Deus sabia do anseio de seus corações e Sua bênção veio por meio de uma imagem espelhada, no dia em que Ele colocou a vida das duas irmãs em contato. Elas sentirão falta do companheirismo da infância, mas terão o resto da vida para compartilhar e construir novas e boas lembranças.

Senhor, diante de ti está todo o meu desejo, e o meu suspirar não te é oculto.

SALMOS 38:9

> **Vamos à igreja não por nossas vidas estarem íntegras, mas sim pelo fato de estarem despedaçadas. A igreja é um hospital para pessoas que sofrem, precisam de cura e integridade.**
>
> REVERENDO CASE ADMIRAAL

CAPÍTULO 9

A Igreja que Praticava Aquilo que Pregava

POR JENNIE AFMAN DIMKOFF

~~~

Sentada no banco reservado à sua família, apertando com força as chaves na mão e a ponto de sair dali correndo, as lágrimas começaram a escorrer pela face de Maurene quando o ministro religioso foi ao púlpito com uma carta em mãos. Os filhos se colocaram um de cada lado da mãe, mas Jim, seu marido, estava ausente, em uma viagem de negócios. Maurene se sentiu assustada, exposta e envergonhada.

Foi lida uma carta da própria Maurene, endereçada à congregação e acompanhada por pedidos de desculpas. Depois de trabalhar durante vários anos como gestora em uma clínica, apropriara-se indevidamente de fundos dos médicos para os quais trabalhava. No dia seguinte, ela iria a um tribunal para ser julgada. Havia uma última esperança de que fosse deixada em liberdade condicional, mas no fundo do coração, tanto ela quanto o marido sabiam que não havia muita chance de isso acontecer. O mais provável é que fosse enviada para cumprir pena em uma prisão federal.

Maurene e Jim haviam decidido que a melhor opção era serem absolutamente francos logo de cara com aquela igreja que funcionava como uma família, em vez de deixar que os frequentadores soubessem dos fatos por meio de boatos ou, pior ainda, pelo noticiário. O fato de marido e mulher serem líderes voluntários da congregação tornou a confissão ainda mais dolorosa. Maurene estava sentada ali, diante do ministro religioso, que lia as terríveis palavras da confissão e o pesaroso pedido público de desculpas; à sua esquerda estava a filha de seis anos e, à direita, o filho, de nove. Colocando os braços em torno deles, ela deixou a cabeça pender para baixo, de vergonha, e se preparou para ser verbalmente apedrejada.

Foi quando sentiu a mão de alguém em seu ombro. Olhando para trás, viu a amiga Kristi, sentada no banco atrás dela, que lhe ofereceu o que ela menos esperava — amor e apoio. Havia lágrimas nos olhos de Kristi, e Maurene começou a soluçar enquanto o reverendo continuava a leitura.

A carta não era apenas uma confissão e um pedido de perdão, mas também uma súplica para que a congregação não culpasse sua família pelos erros que eram apenas seus. Ao invés disso, pedia à igreja que a ajudasse a tomar conta de seus entes queridos enquanto ela estivesse longe, pagando o preço do seu terrível pecado. Com surpresa, viu braços que se estenderam em sua direção de todos os lados e, em vez de fugir dali correndo, como era sua vontade inicial, Maurene levou mais de uma hora para conseguir ir embora, pois muitas pessoas queriam lhe desejar força e encorajá-la de algum modo!

Enquanto dirigia ao voltar para casa, louvou a Deus por Ele tê-los levado àquela igreja maravilhosa, 12 anos antes. Percebeu que também havia outras coisas pelas quais ser grata. O dia que havia começado de forma tão deprimente se tornou um dia de esperança e de oportunidade para reconhecer Suas bênçãos. Mal podia esperar pela volta de Jim, à noite, para lhe contar tudo o que acontecera. Será que Deus também atuaria no coração do juiz, no dia seguinte?

Embora o domingo tivesse sido uma bênção, a realidade da segunda-feira e o terror que envolvia esse dia eram inescapáveis. Maurene e Jim seguiram de carro durante uma hora até o tribunal na capital do estado. O coração lhe martelava o peito quando eles se aproximaram da sala do tribunal. Entretanto, quando chegaram lá, viram o reverendo, um amigo da igreja e vários familiares que enchiam um dos bancos da sala, de ponta a ponta!

Quando os médicos chegaram, sentaram-se no banco que ficava logo atrás do de Maurene, que abaixou a cabeça de vergonha, pois sabia que a família, o reverendo, o amigo e os empregados que tanto haviam confiado nela ouviriam todos os detalhes do crime.

Quando o juiz estava pronto para pronunciar a sentença, alguém pediu a Maurene que se levantasse. Dirigindo-se a ela em um tom formal, o juiz lhe disse várias coisas, mas algumas das suas palavras calaram mais fundo no coração:

— A senhora cometeu um crime grave e deve ser punida. Entretanto, confesso-me bem impressionado com o grupo de apoio que a senhora conseguiu conquistar, e posso lhe garantir que tanto a senhora quanto sua família conseguirão sobreviver a essa experiência. Sinceramente desejo-lhe o melhor, e espero que a senhora utilize o tempo em que ficará afastada de todos para colocar a vida em ordem, a fim de poder voltar para a sua maravilhosa família.

"Por meio deste ato", completou, "condeno a senhora a 18 meses de prisão em uma penitenciária federal."

Temor e alívio se misturaram nesse momento. Certamente Maurene não ficou empolgada ao ouvir que ficaria longe de todos por um ano e meio, mas seu advogado a havia alertado de que ela poderia pegar até *10 anos* de cadeia, de modo que ela se considerou afortunada. Na verdade, recebera a sentença mínima para aquele tipo de crime. Logo depois da audiência, o juiz explicou que não havia nenhuma prisão federal no estado de Michigan e informou que a ré talvez fosse levada para algum outro complexo prisional em Illinois ou Ohio, porque a corte geralmente mantinha os prisioneiros cerca de 800 quilômetros de casa.

— A senhora receberá uma intimação da corte para se apresentar na prisão designada em mais ou menos seis semanas — avisou ele. — Aproveite para colocar todas as suas pendências e documentos em ordem, antes de se afastar de sua família.

Maurene sentiu-se grata por aquela janela de tempo, pois teria chance de estar em casa no dia do aniversário do filho e acompanharia a volta às aulas antes da partida. Porém, 14 dias após a sentença, recebeu uma carta instruindo-a a se apresentar voluntariamente dentro do prazo de duas semanas no Complexo Prisional Federal de Alderson, na Virgínia Ocidental, que ficava a mais de 1.200 quilômetros de sua cidade!

Foi difícil para Maurene, naquela noite, contar aos filhos que ela seria mandada para tão longe.

Sentada no colo da mãe, a pequena Mackenzie, de seis anos, perguntou:

— Por que você pegou todo aquele dinheiro, mamãe?

Maurene engoliu em seco e respondeu:

— Eu pensei que precisasse das coisas que só o dinheiro pode comprar.

Os olhos inocentes da menina pousaram nos da mãe, e Mackenzie respondeu:

— Mas, mamãe, você sabe que *coisas* não significam nada.

— Sim, agora eu sei, meu amor — disse Maurene, com os olhos cheios de lágrimas. Abraçou a filha com muita força e completou: — E como sei.

Os 14 dias que se seguiram foram caóticos. Com contas imensas pendendo sobre suas cabeças, Maurene e Jim já haviam solicitado falência à Justiça e a casa foi hipotecada. Sabendo que Jim teria de lidar com tudo sozinho, Maurene procurou desesperadamente acomodar a família em um novo imóvel antes de ser obrigada a se apresentar na penitenciária. Encontrou uma casa para alugar, mas ela ficava a mais de 30 quilômetros de tudo o que lhes era familiar, o que a deixou arrasada.

A dois dias de apresentar-se à penitenciária de Alderson, Maurene estava desempacotando a mudança na casa que haviam alugado, tentando deixar a família com o máximo de conforto que conseguisse antes de partir. Jim já se despedira, pois tinha uma viagem para o Colorado agendada antes de ela saber que teria de partir mais cedo. Além disso, eles precisavam, mais do que nunca, de todos os centavos do salário de Jim como motorista de ônibus interestadual. Ele levara o filho consigo, e isso significou uma despedida dolorosa a menos. Mackenzie ficaria com a mãe de Maurene até a volta de Jim. O tempo estava quente e não havia ar-condicionado na casa, mas ela e a filha continuaram a abrir as caixas da mudança. Maurene procurava guardar na memória o máximo que conseguisse do novo ambiente, para poder imaginar sua família morando naquela velha casa de campo.

Ao ouvir uma porta de carro que bateu, Maurene foi até a entrada e reconheceu uma fiel da igreja. Seus filhos eram colegas de turma dos filhos de Maurene e as duas mães também já se tinham visto na escola, mas apenas isso. Seu nome era Amy Winters.

— Oi, Maurene — cumprimentou Amy, vindo pela calçada com um cartão na mão. — Acho que Deus inspirou meu coração a vir aqui para lhe dizer que posso cuidar da sua família enquanto você estiver fora. — Havia lágrimas em seus olhos. — Entregue o nosso número de telefone a Jim para combinarmos um esquema para quando ele estiver fora da cidade. Mike e eu cuidaremos dos seus filhos e faremos com que eles tenham tudo o que precisarem.

Maurene estava em prantos antes mesmo de Amy ir embora, pois um fardo fora tirado dos seus ombros. Sem dúvida, Deus os havia tocado naquele dia com a verdadeira bênção que foi a visita de Amy. A oferta não era da boca para fora... Era genuína.

Duas das irmãs de Maurene e uma sobrinha a levaram de carro até a Virgínia Ocidental, onde tornou-se interna no Complexo Prisional de Alderson para começar sua vida como detenta. Nos meses em que esteve lá, passou muito tempo divulgando a Palavra de Deus, ajudada pelas mulheres do grupo de estudos da Bíblia de sua igreja, que lhe enviavam anotações e material todas as semanas. Outra colega de congregação lhe enviava semanalmente a gravação do sermão dominical do ministro religioso.

Os guardas da prisão a tratavam com muita humanidade. Apenas uma vez foi pega conversando quando não devia e recebeu um castigo: teve de "empurrar o Cadillac", gíria usada para o ato de faxinar. Mesmo isso, porém, foi uma coisa boa, pois as detentas perceberam que Maurene era uma pessoa como elas e começaram a confiar na nova companheira. Além do mais, Maurene recebeu um trabalho que amava: era assistente da professora e ajudava as outras detentas a conseguir o GED, o exame norte-americano que comprova a capacitação plena no ensino médio.

Embora estivesse longe de casa, recebia correspondências de irmãos da igreja todos os dias. Maurene achou que esse fluxo acabaria depois de algum tempo, mas isso não aconteceu. Quando a família ficou financeiramente quebrada devido à falta do seu salário no orçamento, ela se sentiu chocada e, ao receber a notícia de que um casal da igreja se ofereceu para pagar o aluguel da casa enquanto ela estivesse fora, humildemente aceitou. Os vizinhos Amy e Mike cuidavam dos filhos de Maurene como se fossem deles, e lhes forneciam material escolar, roupas e até os docinhos para as festas da escola. O marido de Maurene não teria conseguido manter o emprego, que tantas vezes o levava para longe da cidade, se não fosse a ajuda dos bons amigos. Repetidas vezes Deus cobriu Maurene de graças e de amor, geralmente por meio de indivíduos da sua congregação.

Maurene fez profundos exames de consciência durante os meses em que esteve como detenta, e se sentiu uma pessoa melhor ao sair de Alderson. Não só ela finalmente se livrara da culpa que a deixara tão deprimida, mas sabia com certeza que tinha sido perdoada por Deus e ainda tinha um lugar guardado no céu. Ao mesmo tempo, descobriu que amava o marido, Jim, mais do que nunca. Ao longo de toda essa dolorosa provação, ele nunca emitiu uma única palavra de censura, nem sobre o quanto aquilo havia afetado a sua vida e a rotina das crianças. Continuava a amá-la profundamente.

Para sua surpresa, um antigo patrão lhe ofereceu trabalho para assim que ela saísse da prisão. Uma das maiores bênçãos foi conseguir voltar à sua igreja e ser recebida de braços abertos, sem nunca sentir que ficaria marginalizada. E voltou com força renovada, cantando no coral, trabalhando junto das pregadoras e, mais tarde, tornando-se superintendente da escola bíblica.

Redimir significa muitas coisas, inclusive "recuperar-se", "libertar-se do que aflige ou fere", "reformar" e "restaurar". Maurene vivenciou a bênção da doce redenção divina não apenas pelo perdão do seu pecado, mas também por meio da ajuda da verdadeira família que era a sua congregação. A diretora do ministério feminino que trabalhou lado a lado com Maurene nos anos que se seguiram fez o seguinte comentário:

— Todos nós superamos o que aconteceu. Creio que o nosso ministro religioso deu o tom para que tanto o perdão quanto o amor pudessem se manifestar. Não havia razão alguma para vergonha nem culpa. Jesus já tinha carregado tudo isso na cruz.

Fazei disso sua prática comum: confessai vossas culpas uns aos outros e orai uns pelos outros, para que possais viver juntos, íntegros e curados.

ADAPTAÇÃO DA EPÍSTOLA DE TIAGO 5:16

> O propósito da vida não é simplesmente fazer.
> Também envolve ser e agir.
>
> JAN JOHNSON

CAPÍTULO 10

Fórmula para a Vida

POR CAROL KENT

❦

A empolgação do Natal havia passado. O calendário foi trocado, o ano virou 1979 e o inverno começou pra valer. Para Mary Kay Roy, janeiro era normalmente o mês em que ela se recuperava da agitação das festas de fim de ano e se reorganizava, antes de se dedicar a novas atividades. Mas naquele ano foi diferente.

Mary Kay começaria a ministrar aulas em uma nova turma na igreja. Passava os dias estudando, planejando e orando para que tudo desse certo nessa nova oportunidade. A Bíblia Sagrada tinha sido uma ferramenta importante e transformadora ao longo de toda a sua vida, e queria demais compartilhá-la. Como a preparação das aulas e o trabalho de aconselhamento que acompanhava o ofício tomavam muito do seu tempo e da sua atenção, demorou a perceber as mudanças no comportamento do marido. Entretanto, depois de algum tempo, finalmente notou o desânimo nos olhos de Shane, bem como a insatisfação com o trabalho. Como ele era um homem de natureza sossegada, Mary Kay não soube ao certo quando foi que essa mudança havia de fato começado.

Shane tinha 43 anos, era nefrologista pediátrico e professor catedrático na Universidade do Tennessee. Seu trabalho não era nem um pouco tedioso ou monótono; pelo contrário, era dinâmico e interessante. Ele dava aulas para estudantes, residentes e colegas, tinha um consultório, fazia pesquisas clínicas e era codiretor da Unidade de Hemodiálise Pediátrica em um hospital. Mas toda a alegria e o entusiasmo pela medicina haviam desaparecido. Durante várias semanas, Mary Kay o viu indo para o trabalho tão cansado e desmotivado quanto uma pessoa que acabava de enfrentar um dia por demais estressante. De vez em quando, mencionava um ou outro problema no trabalho, falava de desestímulo pessoal e a sensação de não estar indo a lugar algum.

Shane e Mary Kay pouco conversavam sobre a situação porque falar sobre o problema não parecia ajudar nem mudar nada. Por causa da personalidade responsável e da confiabilidade, Shane continuava a fazer seu trabalho, mas já com uma espécie de resignação. Por fora parecia o mesmo, mas por dentro sentia muita inquietação e um silencioso desespero. Depois de 33 anos de casados, sabia o que seu companheiro sentia. Parecia tão atormentado que ela também sentia sua dor. O coração de Mary Kay ansiava por um modo de acabar com a depressão de Shane, mas nenhum dos seus esforços diminuiu sua apatia diante da vida.

Em maio, uma amiga recomendou-lhe a leitura do livro *Os homens na crise da meia-idade*, de Jim Conway. A obra ajudou Mary Kay a compreender as frustrações e pressões que os homens vivenciam no trabalho, o enorme peso da responsabilidade para prover suas famílias e a percepção de que lhes restaram poucos anos de vida ativa para esperar por uma boa promoção, antes de o mercado de trabalho começar a procurar profissionais mais jovens. Aprender sobre essas questões ajudou-a a compreender Shane, mas não mudou nada.

Questionava-se como poderia socorrer o marido, aquele homem que ela amava tanto que, quando ele sofria, ela também sofria. Fez todos os esforços para evitar que pequenos problemas domésticos se tornassem um fardo a mais sobre ele. Esmerou-se para tornar a casa um lugar de refúgio e tranquilidade. Logo descobriu, porém, que paparicar demais uma pessoa deprimida provocava o efeito oposto ao desejado.

Angustiada, entregou seu desamparo e sua frustração a Deus. Algo precisava mudar. Em vez de dizer ao Senhor como responder às suas preces, como fizera no passado, simplesmente pediu para restaurar a alegria e o entusiasmo de Shane com o trabalho. Algum tempo depois, a própria Mary Kay testemunhou:

— Sinto-me grata por ter deixado todos os detalhes nas mãos de Deus, porque jamais poderia ter imaginado o surpreendente remédio que Ele providenciaria.

No fim de junho, Deus começou a responder não apenas às preces de Mary Kay, mas também às de vários pais que sofriam a dor de ver seus bebês se enfraquecendo dia a dia por causa de uma doença sem diagnóstico. O hospital onde Shane trabalhava também tinha recebido dois recém-nascidos com um mistério clínico semelhante. Os bebês não ganhavam peso, ainda que estivessem mamando fórmula (complemento) em quantidade suficiente. Os exames de sangue sugeriam uma doença renal hereditária. Embora o trabalho de Shane fosse basicamente clínico e não laboratorial, ele tinha o mesmo espírito curioso e desbravador dos pesquisadores.

Shane e um dos colegas começaram a buscar uma solução para curar a misteriosa doença que provocava má nutrição. Pesquisaram na literatura especializada os ingredientes listados na fórmula infantil. Eles deveriam incluir ingredientes suficientes para promover o crescimento. O mais estranho era que os bebês com carências minerais começaram a melhorar quando os médicos decidiram acrescentar os minerais em falta à nutrição, como uma superdose, e isso excluiu a possibilidade de doença genética.

No dia 22 de julho de 1979, deu entrada no hospital um terceiro bebê com os mesmos sintomas. Shane perguntou à enfermeira, na mesma hora:

— Que marca de complemento a criança está tomando?

— A mesma dos outros dois bebês — foi a resposta.

O fabricante da fórmula foi consultado para informar se algum caso similar já havia sido relatado. A resposta foi negativa, mas tudo mudou 36 horas após a ligação de Shane.

Ele então resolveu testar a fórmula em dois laboratórios e o mistério foi solucionado: simplesmente não continha o que o rótulo informava! A essa altura, a administração do hospital, as autoridades de saúde locais e os Centros para Controle de Doenças já haviam sido alertados. Foram marcadas reuniões com o fabricante, com vários médicos e organizações pró-saúde. A fórmula sofreu um recall, e foi preciso recolher das prateleiras para solucionar o problema. Shane começou a se empolgar. Conversava sobre o que tinha acontecido e trocava informações com médicos de todo o país, bem como com os outros colegas do hospital. Os telefones tocavam sem parar.

Um dia, ela percebeu que Shane estava tão envolvido em encontrar a solução para o problema, que a depressão... desapareceu. Deus havia respondido ao seu pedido de uma forma que ela nunca poderia ter imaginado. Perguntou a si mesma se devia contar a Shane sobre sua oração específica. Ao mesmo tempo, observava o entusiasmo e a empolgação do marido crescer, à medida que ele descobria as possibilidades de pesquisas a partir dessa experiência.

Uma noite, quando o casal estava se preparando para dormir, Mary Kay tinha acabado de escovar os dentes e Shane ainda ajustava o alarme do relógio de cabeceira para a manhã seguinte. Ela se maravilhou com esse simples gesto, percebendo que um novo dia era algo pelo qual, agora, ele ansiava com muita motivação. Ainda segurando a escova de dentes, entrou no quarto e disse para o marido:

— Há algo que eu preciso lhe contar...

Shane a fitou, esperando que dissesse mais alguma coisa. Depois de respirar fundo, ela completou:

— Pedi a Deus que Ele fizesse algo para restaurar a alegria e o seu entusiasmo pelo trabalho, querido, mas nunca sonhei que a resposta do Senhor fosse tão grandiosa.

Shane caiu para trás na cama, como se tivesse recebido um soco no estômago. Subitamente percebeu que Deus tinha estado no controle de todo o processo, e essa ideia o deixou tonto. Deus não só havia lhe revelado a resposta para a falta de crescimento dos bebês, mas também tinha usado Shane como foco central de todo o processo, em resposta direta às preces da esposa.

Essa descoberta médico-científica e a subsequente cobertura pela TV fizeram com que um deputado do Tennessee convocasse uma audiência pública para solicitar o recolhimento da fórmula infantil em todo o país e a reavaliação dos ingredientes. Essa e outras audiências culminaram na redação e aprovação da Lei de Alimentos para Bebês, que foi assinada e posta em vigor pelo presidente Jimmy Carter em 26 de setembro de 1980. Shane teve o privilégio de assistir à assinatura da lei.

Naquele ano, Deus abençoou o marido de Mary Kay com um senso de objetivo, e trouxe significado e a possibilidade de realização profissional e pessoal à sua vida. Shane sabia que seu trabalho era extremamente importante e que as vidas de muitas crianças haviam sido salvas como resultado da sua investigação.

O competente e humilde marido de Mary Kay Roy foi se juntar ao nosso Senhor há cerca de um ano, mas ela nunca esquecerá a maneira como Deus respondeu à sua prece por algo que mudasse a vida de Shane de forma espetacular.

O Senhor diz:
Instruir-te-ei e ensinar-te-ei o caminho
que deves seguir pela vida;
aconselhar-te-ei e cuidarei de ti.

SALMOS 32:8

Creio que Deus trabalha no setor de milagres.
Acho que Seu jeito predileto de atuar é escolher
o ponto em que as habilidades e a compreensão
humana se encerram. Nesse momento, o Senhor
promove algo tão grandioso e inesperado
que não deixa dúvidas sobre quem está
no comando à volta de cada um de nós.

EMILIE BARNES

CAPÍTULO 11

Casa à Venda

POR JENNIE AFMAN DIMKOFF

— Gostaria tanto de poder ir até lá contigo agora de manhã!

— Eu também, querida, mas você pode orar aqui mesmo. Estou contando com isso. — Papai se inclinou, deu um beijo de despedida em mamãe e saiu pela porta.

— Diga a Madelyn que eu mandei lembranças, se você tiver a chance de vê-la hoje à tarde! — gritou quando ele saía, e suspirou, recostando-se na cadeira de balanço acolchoada. Minha mãe, Pauline Afman, estava se recuperando de um problema no coração e sofria o desânimo de ainda se sentir frágil como um passarinho.

Quando eu estava no primeiro ano do ensino médio, a nossa família tinha se mudado para uma outra cidade, onde meu pai se tornou ministro religioso de uma igreja local. Naquela manhã, papai faria a longa viagem até uma clínica de queimados em Ann Arbor. Planejava visitar um membro da nossa igreja que havia sofrido queimaduras gravíssimas em um acidente, durante a troca de óleo de um dos automóveis na oficina em que trabalhava. Se houvesse tempo depois da visita ao paciente e à sua família, papai planejava parar em

Durand, bem no meio do caminho da viagem de volta, para verificar o estado da nossa antiga casa. Ele e mamãe eram proprietários do imóvel onde nossa família havia morado durante o tempo em que meu pai estivera à frente da congregação religiosa local. A igreja em Durand tinha alugado a casa de nossa família durante alguns meses, logo depois que nos mudamos. Mais tarde, porém, resolveu comprar um imóvel próprio e a casa ficou vazia novamente. Meus pais a colocaram à venda de imediato, espalhando diversos anúncios nos classificados da cidade, todos sem resposta. Uma casa desocupada e a tantos quilômetros de distância era uma sobrecarga financeira, e eles *precisavam* encontrar um comprador.

Fechando os olhos, mamãe pensou no marido bonito e em todo o peso que devia estar enchendo sua mente e seu coração naquele dia. Com as mãos cruzadas no colo, direcionou o coração para o Pai Celestial e orou baixinho: "Bendito seja o Senhor, ó minha alma, e, com tudo o que existe em meu coração, eu glorifico Seu sagrado nome."

Palavras de louvor vieram com facilidade aos seus lábios e, depois de alguns minutos, mamãe se pôs a apresentar suas preocupações ao Senhor: a vítima de queimaduras e sua família, o marido, que viajava naquele momento para visitá-los e a casa vazia em Durand que eles tanto precisavam vender, mas não conseguiam. Uma sensação de paz a preencheu enquanto ela orava, e mais uma vez viu-se agradecendo ao Senhor pela lealdade que Ele sempre dedicara a ela e à sua família.

Algumas horas depois, meu pai, o ministro religioso Clyde Afman, saiu do hospital em Ann Arbor e seguiu para Durand. Seu coração ainda pesava de dor pelo paroquiano hospitalizado e seus familiares. Ele sofrera queimaduras terríveis, mas, apesar da gravidade, conseguiria se recuperar.

Meu pai havia congregado com a família e exultou de alegria quando, em companhia deles, recebeu a boa notícia do médico. Soube também que, apesar do bom prognóstico, a recuperação seria um processo lento e doloroso.

Ele não tinha como entrar na casa em Durand e precisava pegar a saída da estrada em Linden Lake, para buscar a chave com Madelyn Menzel, uma corretora aposentada que era amiga deles e se oferecera para mostrar o imóvel a quem se interessasse. Muito cansado e ainda preocupado com o sofrimento da vítima que acabara de visitar, papai passou da entrada para Linden Lake sem perceber. A próxima saída ficava muitos quilômetros adiante e ele sentiu desânimo ao ver o tempo que perderia. De repente lhe ocorreu que seria melhor parar e telefonar para Madelyn, para ver se ela estava em casa. Como não sabia se teria tempo de passar por lá ao sair do hospital, não a avisara da visita. Se ela não estivesse em casa, seria uma perda de tempo ainda maior voltar todo aquele percurso.

Isso tudo aconteceu nos anos 60, e quando papai chegou à saída seguinte olhou em volta em busca de um posto de gasolina com uma cabine telefônica. Realmente havia um posto com uma cabine, mas, para sua frustração, um carro estava estacionado ao lado dela e um homem a ocupava. Papai parou o carro atrás do outro e esperou... e esperou... O homem parecia estar colocando a conversa em dia.

Esgotado e já um pouco irritado, meu pai resolveu sair do carro e se plantar ao lado da cabine, pois assim o sujeito perceberia que outra pessoa precisava usar o telefone. Ao se aproximar da cabine, percebeu que o homem tinha um jornal aberto diante de si e parecia procurar algo nos classificados. Procurava um emprego, talvez? Será possível que ele estivesse precisando de uma casa para comprar? Enquanto esperava, meu pai começou a orar.

Quando o homem finalmente saiu da cabine, papai se aproximou dele com um sorriso nos lábios.

— Olá! Espero que a minha *insistência* não o tenha incomodado.

O homem murmurou um pedido de desculpas por levar tanto tempo e balançou o caderno de classificados do jornal com ar de desânimo.

— Não pude deixar de notar que o senhor procura algo nos classificados. Por acaso seria um imóvel? — quis saber papai. — Porque minha esposa e eu temos uma casa à venda em Durand.

Arregalando os olhos de surpresa, o homem explicou que realmente buscava uma casa em Durand, e o bairro onde a casa de meus pais ficava era *exatamente* o que ele e a esposa haviam escolhido! Papai estendeu a mão e se apresentou ao homem, cujo nome era sr. Zager, e marcou um encontro para mostrar a casa para ele e a esposa na semana seguinte.

Um minuto depois de meu pai se despedir do sr. Zager, mamãe atendeu o telefone em nossa casa lá em Sandusky e ouviu a voz entusiasmada do meu pai do outro lado da linha:

— Pauline, você não vai acreditar! Fiquei tão empolgado que não consegui esperar até voltar para casa e lhe contar tudo o que aconteceu!

Falando da mesma cabine que ele esperara com tanta paciência para usar, papai contou à mamãe a surpreendente história de ele ter perdido a saída para Linden Lake e acabar encontrando um potencial comprador para o imóvel.

O homem que Deus colocara na cabine telefônica à espera de meu pai acabou comprando a casa. Clyde e Pauline Afman jamais esquecerão a maneira como Deus abençoou suas vidas naquele dia. O que meu pai julgava ser uma infeliz distração, uma falha ao deixar de entrar na saída correta da estrada, um inconveniente na sua viagem e uma perda de tempo, acabou por se mostrar um maravilhoso presente de Deus e uma resposta para as preces de ambos.

*Bendize, ó minha alma, ao Senhor,
e tudo o que há em mim bendiga o seu
santo nome.*

SALMOS 103:1

> Lembro-me das preces de minha mãe; elas sempre me seguiram e continuarão me acompanhando ao longo de toda a minha vida.
>
> ABRAHAM LINCOLN

CAPÍTULO 12

Sapatos Novos para Amber

POR JENNIE AFMAN DIMKOFF

~~~~~

Meu marido e eu estávamos casados havia nove anos quando tivemos nossa primeira filha. No momento em que Amber Joy entrou em nossas vidas, com seus cabelos sedosos muito escuros e olhos castanhos, Graydon e eu tínhamos *certeza* de que nenhum outro bebê na face da Terra nascera mais perfeito. Tínhamos passado tanto tempo casados sem ter filhos que todas as pessoas que conhecíamos passaram a nos cobrir de presentes. Eu adorava escolher entre uma infinidade de roupinhas e envolvê-la em colchas de crochê feitas à mão por amigas queridas; curtia em especial os minúsculos sapatinhos que eu gostava de enfileirar em uma prateleira no closet do quarto dela.

Muitas vezes eu ficava com Amber apoiada no ombro, diante do espelho, e observava seu reflexo enquanto dormia. Aconchegava sua cabecinha frágil junto do meu pescoço e pensava: *Quero deixar essa imagem gravada no coração para sempre. Nunca esquecerei o quanto minha bebê é preciosa, nem o quanto é gostoso olhar para ela e segurá-la juntinho de mim.*

Cada nova conquista era devidamente registrada no Livro do Bebê: o primeiro sorriso, a primeira gargalhada, a primeira risadinha disfarçada. Amber Joy engatinhou aos oito meses. Graydon e eu a aplaudimos como se ela fosse uma campeã olímpica! Aos nove, ela já subia as escadas engatinhando atrás do gato, e nesse mesmo mês ficou em pé pela primeira vez. Depois que "descobriu" as pernas, aos 10 meses, mostrou-se determinada a ficar em pé sozinha e começar a desbravar a casa, mas caía o tempo todo. Ao longo dos meses seguintes, ela continuava se desequilibrando, mas eu não me preocupava muito com isso, e atribuía seu caminhar desajeitado à espessura das fraldas que se embolavam entre suas perninhas.

O tempo passou e certo dia, depois do serviço religioso de domingo, minha amiga Phyl, que vinha me ajudando a cuidar das crianças no berçário durante as cerimônias, me chamou em um canto assim que eu entrei para pegar Amber.

— Jennie, quando é sua próxima consulta com o pediatra? — perguntou, toda cautelosa.

— Ainda vai levar algum tempo. Fizemos o checkup de um ano em agosto. Ela está se desenvolvendo muito bem! — respondi, com entusiasmo, embora sentisse, lá no fundo, um leve tremor de inquietação. Estávamos na primeira semana de novembro. — Por que quer saber?

— Amber Joy tem problemas motores, Jennie. — Phyl suspirou. — Comparada às outras crianças da mesma idade, ela não consegue caminhar nem três passos sem cair. Acho que você devia procurar um especialista.

Meus olhos fitaram os da minha amiga e assenti com a cabeça; uma onda de terror quase *me* jogou sentada. Enquanto conversávamos, Amber se ergueu, apoiada em uma caixa de brinquedos, exibiu um sorriso imenso e, depois de dois passos desajeitados, caiu pesadamente no chão, protegida pela fralda descartável.

No dia seguinte, marquei uma consulta com o pediatra, que nos enviou para um ortopedista. Em termos leigos, fomos informados que as pernas de Amber tinham uma curvatura anormal entre os joelhos e os tornozelos. Especialistas nos deram duas opções. Os ossos poderiam ser quebrados e corrigidos por meio de uma cirurgia. A segunda opção era tentarmos algo que levaria muito mais tempo para dar resultados: Amber passaria a usar botas ortopédicas com extensores. O aparelho todo consistia em um cinto largo e reforçado que ficava preso à cintura dela, acoplado a cabos pretos que desciam pelas pernas até as botas propriamente ditas.

A ideia de quebrar as perninhas de Amber nos deixou horrorizados.

— Durante quanto tempo ela terá que usar esse aparelho? — perguntei.

— Vinte e duas horas por dia durante, pelo menos, quatro anos — explicou o médico. — Talvez consigamos dispensar as botas antes de ela entrar no jardim de infância.

A quatro dias do Natal, Amber Joy ganhou as botinhas ortopédicas que ficavam permanentemente presas aos cabos de tração, e durante 22 horas por dia éramos obrigados a conviver com isso. Ela se adaptou à situação mais depressa do que eu. Aquele troço horrível tinha de ser colocado por cima de todas as roupinhas lindas que eu vestia nela. O pior de tudo é que o aparelho fazia minha menininha parecer uma *inválida*. Além do mais, eu sentia *muita* pena de ela não poder usar os lindos sapatinhos que ganhou. Amber usava as horrendas botas ortopédicas *sempre*, com *todas as roupas*. Era impossível fazer com que o couro parecesse novo e brilhante. Eu odiava aquelas botas!

Até que um dia recebi um telefonema ao acordar. Uma amiga querida sofrera um aborto espontâneo pela segunda vez e sua dor era devastadora. Subitamente percebi com clareza: Minha filha não estava morrendo por causa de um câncer, nem usava as botas e os cabos por causa de uma leucemia. O aparelho possibilitaria a Amber andar de forma correta, um dia, e naquele momento só me restava buscar o perdão de Deus e me sentir grata pelas botas e pelos cabos.

Ó Senhor, orei, *por favor, perdoe toda essa minha insensatez, meu orgulho e minha impaciência. Obrigada por nos dar o maravilhoso presente que é Amber Joy exatamente do jeito que ela é. Obrigada pelos cabos extensores e pela promessa de cura que eles representam. Acredite, estou muito grata, Senhor.*

A cada seis semanas, visitávamos o ortopedista, e a cada consulta eu esperava, ansiosa, por um sinal de que Amber progredia. Mas ele sempre dizia a mesma coisa: "Talvez consigamos tirar o aparelho antes de ela entrar no jardim de infância."

O verão chegou e eu estava determinada a treinar Amber para usar o vaso sanitário antes de ela completar dois anos, em agosto. Entretanto, isso era impossível com uma folga de apenas duas horas por dia sem as botas e os cabos. Quando Amber avisava que tinha vontade de "banheiro", desafivelávamos o aparelho ortopédico e a levávamos correndo, mas... as botas já estavam mais uma vez molhadas. Era desanimador. Com o seu aniversário se aproximando, decidi que se iríamos levar quatro anos para curar suas perninhas, bem que merecíamos pelo menos *quatro horas* por dia sem os cabos: duas pela manhã e duas pela tarde, ao menos para ver se conseguíamos sucesso no treinamento para ir ao banheiro. Eu me sentia culpada, sabendo que tínhamos uma consulta marcada com o pediatra no final do mês de agosto. Ele certamente perceberia a falta de progresso. De qualquer modo, no ritmo que a coisa ia, as botas estragariam antes mesmo de os pezinhos dela crescerem.

Aquele verão não foi desafiador apenas em casa, foi terrível também financeiramente. O trabalho do meu marido como advogado recém-formado era produtivo, mas muitos clientes deixavam de pagar seus honorários dentro do prazo estipulado e o dinheiro andava curto. Sem o emprego em tempo integral que eu tinha no escritório dele, Graydon teve de contratar uma pessoa de fora, e os desafios que surgiram nos mostraram o quanto éramos dependentes da graça do Senhor.

O dia da consulta de Amber, no fim de agosto, amanheceu quente e úmido, e não tínhamos ar-condicionado. Ela tirou uma soneca depois do almoço e eu estava estressadíssima. Havíamos conseguido uma vitória no seu treinamento, mas eu receava o instante em que iria encarar o médico e confessar que havia permitido que ela ficasse duas horas a mais sem o aparelho. A consulta foi marcada para as três da tarde, e agradeci a Deus porque Amber estaria descansada e talvez não reclamasse tanto dos exames. Deixando o assunto de lado por algum tempo, busquei consolo na Bíblia.

Nesse mês, eu estava me dedicando ao Livro do Êxodo e ao estudo da personalidade de Moisés. De repente, uma ânsia me envolveu, eu me coloquei de joelhos e conversei com Deus em voz alta, orando: "Ó Pai! Foram tantas as vezes em que o Senhor mostrou Seu poder a Moisés de forma inequívoca. Anseio pelo dia em que verei Seu poder entrar em ação de forma inequívoca na *minha* vida também!"

Depois de dizer essas palavras, eu me sentei no chão e olhei em torno da sala, me sentindo um pouco encabulada. Pensei: *O que espera que Deus ofereça a você, Jennie? Que ele a faça vencer o concurso da casa mais organizada do ano?*

Percebendo que horas eram, fui acordar Amber e a coloquei no carrinho para levá-la à consulta com o ortopedista, no hospital. Na sala de exames, passei pelo ritual já familiar de desafivelar o cinto com os cabos e deixá-la só de camiseta e calcinha, a mesma que substituíra a fralda e que havia nos deixado tão orgulhosos.

Cumprimentando-nos assim que entrou no consultório, o médico ergueu Amber e a colocou sentada na borda da mesa de exames. Segurando cada uma das suas panturrilhas, ele aplicou um pouco de pressão e suavemente torceu as pernas, enquanto ela reclamava e estendia os braços para mim. Odiávamos essa parte do exame. Nesse instante, abri a boca para confessar que a havia deixado duas horas a mais por dia sem o aparelho, para conseguir treiná-la a usar o banheiro, mas ele me interrompeu bem na hora:

— Que coisa interessante — disse o ortopedista. — Sra. Dimkoff, gostaria de ver Amber caminhar por alguns metros no corredor do hospital. Por favor, fique três portas adiante e peça para ela caminhar até a senhora. Enquanto isso, ficarei observando os movimentos dela daqui.

Assim, sem as botas nem os cabos, Amber seguiu alegremente ao longo do corredor, na minha direção.

— Excelente — elogiou o ortopedista. — Agora, quero que ela faça tudo de novo. Vamos trocar de lugar.

Mais uma vez, Amber caminhou pelo corredor sem falhar. De volta ao consultório, o médico examinou os raios X e as pernas mais uma vez. Depois de algum tempo, exclamou:

— Admirável! A senhora gostaria de comprar um par de calçados novos para Amber?

— Precisaremos comprar um novo par de botas ortopédicas? — perguntei, confusa. Amber já estava mesmo para perder as botas atuais, o que era ótimo, porque elas estavam em um estado lastimável.

— Não. — O médico sorriu. — Na verdade, o progresso da sua filha é algo simplesmente espantoso! Ela *não precisa* mais dos cabos nem das botas. A senhora não prefere comprar um par de tênis para ela aproveitar o fim do verão?

Fiquei tão atônita que mal consegui falar; não só pelo que o médico acabara de dizer, mas porque me lembrei que menos de uma hora antes eu estava de joelhos em casa, pedindo a Deus que me permitisse ver Seu poder em ação na minha vida de forma inequívoca.

Não me lembro do que disse ao doutor, só me recordo de colocar Amber no carrinho, empurrá-lo até a sapataria mais próxima e ir direto até a seção de tênis infantis. Depois, com Amber usando os tênis novinhos em folha e a parafernália ortopédica pendurada na haste do carrinho, segui em júbilo pela rua até o escritório do pai dela, para surpreendê-lo.

Depois que alguns meses se passaram, adorávamos fazer duas perguntas a Amber Joy:

— Ei, gatinha, onde foi que você conseguiu esses olhos castanhos imensos?

Sua resposta era sempre a mesma:

— Meus olhos vieram do meu pai!

— E onde você conseguiu essas lindas pernas retinhas?

Com um sorriso que iluminava o ambiente, ela respondia:

— As pernas eu consegui de Jesus!

Ninguém nunca a corrigiu.

Muitos anos se passaram desde aquele dia memorável, mas o aparelho ortopédico infantil cheio de cabos continua lá pendurado em um gancho em nossa garagem, acompanhado de duas botinhas. Eles são uma lembrança do maravilhoso presente que o Senhor nos deu.

Clame a mim! Responderei e lhe direi coisas grandiosas e insondáveis que você não conhece.

LIVRO DE JEREMIAS 33:3

Nunca sinta receio de confiar seu futuro desconhecido a um Deus conhecido.

Corrie Ten Boom

CAPÍTULO 13

Surpresa em uma Manhã de Domingo

POR CAROL KENT

O coração de Debbie estava atormentado. Tentara de todas as formas fazer um casamento complicado dar certo, mas já não conseguia arrumar desculpas para a agressividade do marido. A decisão de pedir o divórcio foi uma das mais difíceis de sua vida. Quatro meses antes, enchera a mala do carro com sua bagagem e se mudara para o outro lado do país acompanhada dos filhos, de cinco e oito anos. Levaram pouca coisa, ou seja, somente o essencial: duas malas cheias de roupas e uma terceira com os brinquedos prediletos das crianças. Debbie sabia que precisavam recomeçar a vida não só em um lugar seguro, mas em uma nova cidade.

Encontrar emprego era prioridade absoluta, agora que seria a chefe da família. Não demorou muito para ela ser contratada por uma empresa que oferecia serviços de intérpretes para surdos. Debbie ficou empolgada com a oportunidade. Conhecia bem a linguagem de sinais e adorava interagir com deficientes auditivos. Essa era uma excelente chance de trabalhar com eles diariamente e, ao mesmo tempo, promover assistência a quem precisava. Foi, sem dúvida, uma resposta às suas preces ela ter encontrado um trabalho adequado às suas qualificações e que também proveria a subsistência da família.

Depois de algumas semanas no novo emprego, percebeu, certa noite, ao voltar para casa, que o carro fazia uns barulhos estranhos. Logo depois, o escapamento fez um estrondo e o carro morreu. Ela tentou várias vezes religar, mas não pegava de jeito nenhum. Debbie era batalhadora, inteligente e criativa, mas não conhecia nada de mecânica. Mais tarde, informaram que o motor estava com vazamento de óleo e o conserto custaria mais do que o carro valia. Debbie precisava urgentemente de um veículo confiável para chegar ao novo emprego, mas seu salário mal dava para cobrir as despesas do lar. Naquele dia a frustração se transformou em prece: "Ó Deus, não sei a quem recorrer. Meus filhos e eu já enfrentamos tanta dor. O Senhor nos forneceu um lugar para morar e me abriu as portas para um emprego que é muito gratificante em termos profissionais, mas agora eu preciso desesperadamente de um carro que me leve para o trabalho, e não tenho dinheiro. Por favor, me conceda um pouco de sabedoria. Não conheço ninguém que possa me ajudar."

Ao acabar de fazer essa prece improvisada, Debbie enxugou uma lágrima esquiva que lhe escorria pelo rosto. De repente, lembrou-se de ter visto um cartaz de VENDO na janela de um carro estacionado no pátio da igreja no domingo passado. Sua mente se encheu de ideias e planos: *Talvez eu possa fazer faxina para o dono do carro ou algum outro trabalho para pagar em prestações. Sei que não tenho condições de comprá-lo agora, mas talvez a pessoa que tenha colocado o carro à venda esteja disposta a aceitar um plano flexível de pagamento.*

Debbie ligou para o ministro da igreja e lhe falou sobre sua necessidade urgente de um carro. Perguntou se ele sabia quem era o dono daquele que estava à venda. Infelizmente o ministro lhe disse que não fazia a menor ideia de quem poderia ser, mas a incentivou:

— Venha à igreja no domingo. Vou pedir a alguém que pegue você e as crianças em casa.

Quando o domingo chegou, eles se aprontaram e a carona prometida de fato apareceu. Não frequentavam todos juntos a igreja há tempos, mas Debbie já cantava no coral. Depois dos hinos daquela manhã, o ministro subiu ao púlpito para a oração. Mencionou algumas necessidades específicas da congregação e depois, de forma inesperada, citou o nome de Debbie e pediu que ela descesse do coral e se juntasse a ele no púlpito. Pediu também que toda a congregação orasse para que suas preces pela obtenção do tão necessário carro fossem atendidas.

Debbie sentiu uma onda de constrangimento enquanto descia do tablado e seguia para o lugar designado, diante do santuário. De repente, porém, foi invadida por uma sensação de paz e se colocou à vontade ao lado do ministro.

— Eu gostaria de pedir aos nossos diáconos e a toda a comunidade que se juntem a nós nesse momento para orar por Debbie.

De forma elegante e apropriada, ele contou a toda a congregação sobre algumas das batalhas recentes travadas por Debbie; relatou que ela havia conseguido um bom emprego, mas, ainda assim, precisava de um carro com urgência. Depois orou abertamente, pedindo a Deus que suprisse a necessidade dela o mais rápido possível.

Quando o ministro terminou a prece, um homem de cabelos brancos que estava de pé em uma das últimas fileiras do coral veio até eles. Antes mesmo de pronunciar a primeira palavra, colocou uma chave sobre o púlpito e disse:

— Reverendo, enquanto o senhor orava, Deus falou comigo e pediu que eu desse meu carro a Debbie. Minha esposa e eu costumamos vir para a igreja em dois carros, já que gosto de chegar mais cedo. Portanto, Debbie pode levar o carro para casa, agora mesmo. Só peço que ela permita que eu pegue meus tacos de golfe na mala.

Algumas risadas foram ouvidas na congregação, acompanhadas de alguns louvores, *améns* e *aleluias*.

Os olhos dela se encheram de lágrimas, pois percebeu a intercessão surpreendente de Deus. Mais tarde, Debbie relatou:

— Eu não sabia nem mesmo o nome daquele senhor, embora cantássemos juntos no coral da igreja, mas Deus tocou seu coração com minha necessidade e ele deu um passo à frente para oferecer o que tinha. Além de me ofertar esse generoso presente, me permitiu manter a mesma placa do carro e ainda continuou arcando com o seguro até eu ter condições de pagá-lo.

Em meio ao turbilhão que era se mudar para uma nova comunidade, adaptar os filhos a uma escola diferente e lutar para pagar as contas e começar no emprego novo, Debbie vivenciou uma poderosa verdade. Deus sabia de suas necessidades, ouviu seu clamor por ajuda e tocou o coração de um estranho, que lhe forneceu exatamente o que precisava.

E este mesmo Deus que cuida de mim suprirá todas as vossas necessidades a partir de sua gloriosa riqueza.

EPÍSTOLA AOS FILIPENSES 4:19

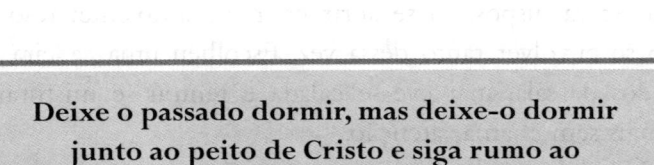

> Deixe o passado dormir, mas deixe-o dormir
> junto ao peito de Cristo e siga rumo ao
> irresistível futuro ao lado dele.
>
> OSWALD CHAMBERS

CAPÍTULO 14

O Anel

POR JENNIE AFMAN DIMKOFF

Tanya apareceu, tímida, na reunião do ministério feminino da igreja que ela e o marido Luke frequentavam havia bem pouco tempo. Normalmente ela se considerava uma pessoa extremamente sociável, mas, depois de ter sofrido uma profunda decepção na igreja anterior, não estava disposta a se abrir no novo ambiente; resolveu não se envolver tanto dessa vez. Escolheu uma cadeira nos fundos da sala, manteve-se calada e tentou se misturar às demais sem chamar atenção.

Uma das mulheres da congregação compartilhava uma mensagem bastante significativa naquele dia, e Tanya agradeceu pela sensação de encorajamento que sentiu. Adorou ouvir aquele testemunho e planejou aplicar em sua vida as lições que recebeu. No fim da mensagem, porém, Tanya foi pega totalmente de surpresa quando a mulher exibiu um anel.

Era um anel belíssimo, de ouro puro, com três ametistas lapidadas em formato de diamante montadas lado a lado. A oradora explicou que rezou enquanto preparava os ensinamentos que daria naquela manhã, e Deus colocou em sua cabeça a ideia de levar o anel, pois era seu desejo que ela o

desse a uma das mulheres que comparecessem à reunião.
Ao concluir sua mensagem, ela sorriu e anunciou:

— Tanya, o Senhor quer que eu ofereça este anel a *você*.

Tanya ficou estupefata, e logo seu coração se encheu com uma emoção transbordante. Bem ali em um grupo de mulheres, muitas das quais ela nem mesmo conhecia, Deus resolveu compartilhar um momento memorável e surpreendente entre pai e filha.

— Muito obrigada — agradeceu quase com um sussurro. Esticou a mão, trêmula, e aceitou o anel. *Será que vai caber?*, perguntou a si mesma. Seu coração estava disparado quando ela o deslizou pelo dedo, e então, um segundo depois, teve uma crise de choro convulsivo.

Era como se o anel tivesse sido feito sob encomenda para ela, pois serviu de forma divina. As demais participantes não tinham condições de saber o significado de um momento como aquele para a vida de Tanya, mas ela jamais esqueceria essa experiência enquanto vivesse. Seu Pai Celestial tinha lhe dado de presente um anel de pureza.

Durante a passagem entre a infância e a adolescência, Tanya havia padecido muito nas mãos de uma mãe negligente e viciada em drogas, e também sofrera abusos terríveis nas mãos dos homens que a mãe trazia para dentro de suas vidas. O conceito de um pai amoroso estava além de qualquer coisa que ela pudesse compreender. Em vez disso, tivera apenas vislumbres de anseios e momentos de contemplação, nos quais se permitia imaginar como seria experimentar uma relação adequada entre pai e filha. Um desses devaneios tinha sido o de um pai que a amava verdadeiramente e que a tratava como uma princesa. No ensino médio, Tanya havia conhecido jovens cristãs cujos pais lhes presentearam com anéis lindíssimos, os chamados "anéis de pureza". Mais tarde, quando se casavam, seus maridos os trocavam por alianças. Tanya, secretamente, ansiava por um pai que pudesse ter lhe oferecido, na adolescência, um daqueles anéis lindos que representavam a profunda relação de amor entre pai e filha. Um anel desse tipo, ela imaginava, a faria se sentir especial, amada e pura. Nem é preciso dizer que, devido ao histórico de abusos, tudo isso não passava de um sonho impossível que Tanya simplesmente deixara sufocado no fundo do coração. Ela nunca havia compartilhado nenhum desses sentimentos com mais ninguém. Somente o Senhor conhecia o velho anseio reprimido.

Tanya encontrara o Senhor pela primeira vez ainda adolescente e tinha 19 anos quando conheceu e se casou com Luke, dois anos mais velho.

Tanya o amava profundamente. Luke era um rapaz muito devoto cujo amor incondicional por ela era imenso, tanto quanto sua força. Ele caminhava ao lado da noiva em meio às lembranças terríveis dos traumas que ela havia enfrentado, e isso fazia com que o amasse ainda mais. Devido à sua história, Tanya lutara durante anos para confiar cegamente no homem valoroso que Deus colocara em sua vida. Luke a amava apesar de tudo, e tinha uma paciência infinita quando Tanya lutava com os próprios sentimentos de falta de valor e baixa autoestima.

Entretanto, naquela manhã, quando a mulher que liderava o estudo sobre a Bíblia presenteou Tanya com o maravilhoso anel, dizendo que ele era um presente de Deus, ela não conseguiu se lembrar de nenhum outro momento em que tivesse se sentido tão amada e especial pelo Senhor. O pranto, naquele instante, era a resposta à certeza de que Deus tinha lido a sua alma e realizara um desejo do seu coração de um modo que ela jamais poderia ter previsto ou sequer imaginado. A cura verdadeira havia acabado de começar em sua vida. Anos e anos de expectativas e anseios desapareceram pouco a pouco, e o vazio foi tomado pela cura, que assumiu um lugar em seu coração.

Tanya adorou o anel. Para ela, aquilo representava muito mais do que uma linda joia. O abuso e a vergonha do passado a tinham ofuscado e não permitiram que visse que, graças a Jesus, ela era realmente pura aos olhos de Deus.

Observou o anel com atenção. Ele brilhava em seu dedo e Tanya mal conseguia acreditar que realmente pertencia a ela. De repente, um pensamento surgiu em sua cabeça como uma mensagem especial.

"As pedras roxas têm a cor da *realeza*", pensou consigo, repleta de alegria e encantamento.

Tanya riu alto enquanto as lágrimas continuavam a cair. Ela era uma princesa também! Era a filha do Rei dos Reis!

Toda boa dádiva e todo dom perfeito vêm do alto, descendo do Pai.

EVANGELHO DE TIAGO 1:17

> As pessoas, por vezes, consideram os
> próprios pensamentos fugazes e inúteis,
> mas eles são tão preciosos para Deus que Ele
> se mantém sempre junto dos Seus filhos,
> lendo cada um de seus pensamentos.
>
> SARAH YOUNG

CAPÍTULO 15

Fazendo Compras com Deus

POR JENNIE AFMAN DIMKOFF

Era uma linda manhã californiana, e Michelle Peel, diretora do setor de relacionamento com ex-alunos da Universidade Multnomah, precisava sair para fazer compras. Com um casamento marcado no final de semana, tinha que comprar um vestido novo para a cerimônia. Sabendo que seria muito mais divertido fazer compras com uma amiga, decidiu convidar a irmã gêmea, Danielle, para ir com ela.

— Oi, Nel! Está a fim de ir ao shopping comigo?

— Ih, não posso. — Devido a outros compromissos, Danielle não teria como acompanhar Michelle. — Mas se você quiser comprar um presente pra mim eu vou adorar! — disse, com um perceptível sorriso na voz.

— Vou ver o que posso fazer por você — brincou e deu uma suspirada. O Natal estava chegando e ela sabia que Nel andava namorando uma bolsa Liz Claiborne havia algum tempo. Fez uma anotação mental de procurá-la quando estivesse no shopping.

Michelle se considerava uma mulher independente. Era solteira e ir ao shopping sozinha não a incomodava, contudo, *naquele* dia, ela estava diferente. Sentiu falta de uma companheira de compras. Ao entrar no carro e sair de casa, decidiu, então, convidar Deus para acompanhá-la nesse frenesi consumista, mas logo se deu conta da natureza incomum daquele convite. Deus certamente tinha coisas muito mais importantes programadas para aquele dia. Porém, depois de refletir um pouco, decidiu que *essa* era uma das coisas que ela mais admirava Nele: não importa quantas coisas houvesse em sua "agenda", o Senhor sempre arranjava algum tempinho para ela. Certamente Deus chegaria à conclusão de que não havia nada no mundo que Ele preferisse fazer, a não ser passar a tarde com ela.

Enquanto dirigia, puxou assunto com Deus: *Pai! Preciso encontrar um belo vestido para o casamento da minha amiga. Será que o Senhor poderia me ajudar? Não me sinto muito à vontade, porque sempre me dou mal quando faço compras de última hora. Detesto importuná-Lo com algo tão insignificante, e sei que o Senhor tem preocupações globais muito mais importantes, mas sei também do Seu cuidado com as pequenas coisas.*

Michelle sentiu que Deus lhe respondeu, querendo saber exatamente o que ela procurava. Sua voz não era audível; era um sussurro carinhoso, uma vozinha que Michelle costumava ouvir no fundo da mente sempre que conversava em silêncio com o Pai Celestial. Começou a descrever o vestido que tinha em mente; algo que estivesse na moda, com ar moderno e um toque de originalidade.

Acho que uma roupa que tenha uma capa elegante que cruze o busto e vá de um ombro a outro seria ótimo. Ah, mas precisa ter um corpete justo, e se também tiver um formato évasé abaixo da cintura, ficaria perfeito. Que cor? Ora, veja! O Senhor não está apenas interessado no estilo, não é mesmo?

Michelle percebeu que vivenciava um daqueles momentos mágicos de ensinamento, em que o Senhor lhe mostrava que ela poderia sempre confiar Nele, mesmo para as coisas mais simples. Portanto, engolindo em seco, ela lhe disse, agora em voz alta: "Pensei em algo floral, em tons pastéis. Mais uma coisinha: o Senhor sabe que estou com o orçamento apertado e não posso comprar um vestido caro."

Mais uma vez a vozinha interior lhe perguntou: *Quanto pretende gastar?*

"Quarenta dólares", respondeu Michelle. Sabia que seria difícil achar um vestido decente por tão pouco, mas era isso que tinha condições de gastar. Além do mais, foi *Deus* quem perguntou!

Michelle estava a caminho do shopping mais popular da região. Enquanto dirigia, porém, sentiu que Deus mandou que pegasse a próxima saída à direita. Ela ficava várias saídas antes do shopping que Michelle tinha em mente, e não viu razão para sair da estrada tão cedo, mas obedeceu. Reparou em um pequeno *mall*, na verdade um conjunto de lojas a céu aberto, que ela nunca tinha visto, e sentiu que o Senhor mandou que parasse ali. Seu interesse aumentou muito quando ela entrou no estacionamento e viu um cartaz imenso anunciando: BOLSAS LIZ CLAIBORNE COM DESCONTOS DE ATÉ 60%!

"Uau!", murmurou ela. "Pai, o Senhor é surpreendente! Foi esse o motivo da sugestão para que eu parasse aqui." Enquanto entrava na loja de artigos femininos, outros cartazes de liquidação a levaram direto para a seção de bolsas. Ao chegar mais perto, deu de cara com o que procurava: a bolsa Liz Claiborne no modelo *exato* que Danielle tinha namorado no outro shopping, e em azul-marinho, um tom belíssimo. Melhor de tudo: com 60% de desconto!

Ao seguir com a bolsa na mão, empolgadíssima, direto para o caixa, Michelle ouviu um sussurro de Deus em sua cabeça: dê uma passadinha na seção de vestidos. Como aquela não era uma loja com a qual estivesse habituada, não percebeu que também vendiam roupas. Assim que se aproximou da primeira arara, ficou chocada ao encontrar o vestido que havia descrito para Deus no carro, minutos antes, enquanto dirigia. Será que Ele a mandara sair da estrada e ir até ali para encontrar o vestido também? Eufórica e sem sequer olhar o preço na etiqueta, pegou o vestido, colocou-o sobre o braço e saiu correndo para a cabine de prova. O caimento era perfeito, como se fosse costurado sob medida! Quando outra cliente do provador ao lado fechou o zíper para ela, Michelle ficou tão, mas tão estarrecida pelo que lhe acontecera que comemorou com muito entusiasmo, exclamando:

— Que momento verdadeiramente... divino! Esse vestido é exatamente como eu imaginei e descrevi para Deus agora há pouco!

Talvez a outra cliente tenha se assustado com todo o seu entusiasmo, mas Michelle não se aguentou. O Senhor havia atendido à sua prece e ela *precisava* dividir com alguém essa experiência.

Com seus tesouros na mão, Michelle foi finalmente para o caixa. Estava tão empolgada por ter achado não só a bendita bolsa, mas também o vestido perfeito no padrão que queria e exatamente no seu tamanho que nem sequer pensou em verificar o preço. Nesse instante, ao olhar para a etiqueta, um sorriso imenso lhe iluminou o rosto. Deus não esquecera de nenhum detalhe. O vestido custava... US$ 39,99.

Michelle sentiu uma alegria imensa por ter convidado Deus para fazer compras com ela naquela tarde. Ele, por sua vez, a abençoara em abundância, providenciando muito mais do que ela havia esperado para aquele dia!

Deleita-te também no Senhor e ele te concederá os desejos do teu coração.

SALMOS 37:4

Quando levamos a luz do sol para a vida das pessoas,
nós também nos aquecemos. Sempre que espalhamos
um pouco de felicidade, ela respinga em nós.

Barbara Johnson

CAPÍTULO 16

A Favorita

POR JENNIE AFMAN DIMKOFF

Faltavam dois dias para o Natal, mas mesmo com os afazeres das festas de fim de ano e ter de enfrentar mais de uma hora de estrada, eu não perderia o velório de minha tia favorita por nada neste mundo. Tia Deal tinha 92 anos quando faleceu. O último velório de alguém idoso ao qual eu tinha comparecido recebera pouquíssimas pessoas, porque quase todos os amigos e familiares já tinham morrido, mas não foi esse o caso da despedida de tia Deal. O lugar estava *lotado* e as pessoas se acotovelavam, encostando-se ao fundo da capela e ao longo das paredes. Com festas de fim de ano ou não, aquelas pessoas queriam, de alguma forma, prestar uma última homenagem à tia Deal.

Minha mãe tinha 10 irmãos, e isso significava que eu tinha muitas tias. Todas eram maravilhosas, mas era tia Deal que *nunca* se esquecia do meu aniversário. (Para ser franca, era a única tia que se lembrava.) Naquele tempo, quando a fada do dente pagava uma moedinha de cinco centavos para cada dente que caía das crianças, tia Deal colocava uma moeda de 25 centavos dentro de um lindo cartão de aniversário. Eu pegava o cartão na caixa de correio e, antes de abri-lo, gostava de sentir a moedona balançar de um lado para outro. Eu amava muito a minha tia, que nunca se esquecia da data. Ela escrevia "Feliz Aniversário, Jennie Beth! Com amor, tia Deal. BEIJOS e ABRAÇOS", e eu conseguia de fato senti-los, apesar dos muitos quilômetros que nos separavam. Quando eu fiz 10 anos, ela começou a me mandar *duas* moedas de 25 centavos, e os envelopes seguiram chegando, até que eu me formei no ensino médio e fui para a faculdade. (Quando ela completou 80 anos, eu escrevi uma carta e lhe disse o quanto aqueles cartões com moedas eram importantes para mim; enchi o envelope de belos selos e pequenos e delicados adesivos. Quis mandar diretamente *para ela*, e dentro de um cartão, um beijo imenso, para variar!)

Tia Deal e tio Jack tiveram dois filhos e duas filhas. Dolly e Jean eram as minhas primas mais bonitas. Eu me lembro de pensar sempre que elas duas eram as garotas mais glamorosas que eu já tinha visto! O melhor de tudo é que elas também eram *legais*. Simpaticíssimas e amorosas sempre que vinham nos visitar. Tão graciosas e lindas quanto a mãe delas, e não pareciam se importar por eu ser a sobrinha favorita e receber atenção especial. Entretanto, à medida que fui crescendo, percebi que todas as minhas irmãs e várias das minhas outras primas *também* se consideravam as sobrinhas favoritas de tia Deal! A princípio, fiquei com um pouco de ciúme; ao longo do tempo, porém, entendi que tia Deal tinha amor suficiente no coração para compartilhar com todas nós.

Assim que entrei na capela naquela tarde de dezembro, a primeira coisa que eu reparei foi que todas as filhas, noras e muitas netas e netos de tia Deal estavam vestidos de vermelho, sua cor favorita.

Não estavam ali para demonstrar luto pelo falecimento. Foram, na verdade, celebrar a vida dela e a sua ida para o céu! A mensagem do ministro foi linda, mas o que realmente tornou aquela cerimônia maravilhosa foi quando seus filhos e netos se levantaram, um de cada vez, e compartilharam ensinamentos que haviam aprendido com ela ou lindas recordações. Abaixo algumas delas:

- *As pessoas são mais importantes do que as coisas ou os compromissos.*
- *Conhecer e amar a Deus é a decisão mais importante que uma pessoa pode tomar na vida.*
- *Sempre há tempo para parar e apreciar uma boa xícara de café (cookies com amêndoas são o melhor acompanhamento).*
- *O lugar ao lado de tia Deal, na igreja, era o mais cobiçado de todos (um dos motivos é que ela trazia um interminável suprimento de doces na bolsa, algo que tornava mais fácil enfrentar os longos sermões de domingo).*
- *Sapatos de salto alto faziam com que as pernas de qualquer garotinha ficassem mais femininas, e o closet de tia Deal tinha um monte de sapatos altíssimos, em todos os modelos e cores, para as meninas usarem enquanto desfilavam pela casa (e o armário que ficava no fundo do corredor tinha um casaco de visom e uma estola, que estavam disponíveis para acrescentar um "toque" especial às festinhas que as meninas promoviam).*
- *A família sempre lhe levava gerânios vermelhos no Natal porque essas eram suas flores favoritas; de algum modo, ao longo do inverno e até o clima esquentar, ela conseguia conservar com todo o carinho os gerânios; quando o tempo esquentava, eles estavam lindos e prontos para serem plantados no jardim.*

Depois que os filhos e netos falaram, outras pessoas se levantaram para fazer elogios e contar casos sobre tia Deal. Eu, como sou muito chorona, não parei de derramar lágrimas, mas adorei cada minuto da cerimônia. Tive vontade de me levantar também e contar a todo mundo o quanto os cartões de aniversário que ela mandava para mim significaram ao longo dos anos, mas havia tanta gente para compartilhar lindas lembranças que eu me limitei a ouvir. De repente me ocorreu, enquanto estava ali sentada, que eu não era a única pessoa na capela que considerava tia Deal a sua tia ou avó favorita, vizinha ou amiga predileta. Tia Deal tinha sido uma pessoa especial na vida de muita gente.

O que a tornava alguém assim tão especial? Depois de ficar viúva aos 52 anos, tia Deal poderia ter se tornado uma mulher amarga, frustrada com a vida, ou simplesmente se sentir ocupada demais com os afazeres diários para tirar um tempinho e dedicá-lo todo a mim, ou a qualquer outra pessoa, mas esse nunca foi o caso. Ela amava e servia a Deus, e sempre arrumava tempo para filhos, netos e amigos. Resolveu trabalhar em uma rádio local onde ministrava aulas sobre a Bíblia. Trabalhou nesse lindo ministério internacional até se aposentar, aos 70 anos. Mantinha um brilho todo especial nos olhos e muito amor no coração para compartilhar.

Meu último encontro com tia Deal foi durante uma grandiosa reunião de família. Provavelmente eu estava mais gorda do que jamais havia estado em toda a minha vida, e lutei comigo mesma por algum tempo sobre a roupa mais adequada para aquele dia. Em uma tentativa de usar algo que me fizesse parecer mais magra, acabei decidindo por calças na altura dos tornozelos e uma jaqueta bem-talhada. Assim que cheguei, tia Deal abriu os braços e, me beijando no rosto, exclamou:

— Oh, Jennie, você é a coisinha mais fofa que eu já vi! Estou muito feliz por você ter vindo, querida!

Ela estava com 91 anos e eu já era uma cinquentona. De qualquer modo, acima do peso ou não, eu me senti lindíssima ao ser abraçada com tanto amor por tia Deal! Ela cultivava o dom de me fazer sentir especial. Deus usou tia Deal durante toda a minha vida para me abençoar com um bilhete em um cartão ou me dizer uma palavra de incentivo. Ela me surpreendeu diversas vezes ao aparecer de surpresa em minhas palestras. Sentava-se ao meu lado em reuniões, segurava minha mão e me perguntava sobre os projetos que eu desenvolvia. De muitas outras maneiras, ao longo de todo o tempo em que convivemos, ela foi o toque especial e positivo de Deus na minha vida. Às vezes, eu me pergunto se tia Deal tinha consciência do modelo de pessoa que ela representava.

Há alguns anos, tomei uma decisão: vou *me tornar* a tia favorita de minhas sobrinhas e de meus sobrinhos! Sabia que encontraria boas competidoras nessa empreitada, porque minhas irmãs são todas maravilhosas. O fato, porém, é que eu queria virar uma "tia Deal" e ser uma bênção na vida dos meus sobrinhos como ela fora na minha. Descobri que isso exige um grande investimento de tempo, mas as recompensas são grandes. Sempre que meus sobrinhos adultos apareciam na hora do almoço ou precisavam de um lugar para passar o fim de semana, sabiam que seriam bem-vindos na minha casa, e todas as segundas-feiras, quando minha irmã, Joy, trazia suas três pequenas para a aula de piano (a professora era minha vizinha), elas ficavam comigo até a hora da aula. Nos divertíamos muito!

Ao longo dos anos, aprendi que dar presentes não era a fórmula perfeita para ser a tia favorita de meus sobrinhos e sobrinhas. Em vez disso, era fundamental:

- Amá-los de forma incondicional.
- Orar por eles com muita fé.
- Ouvir o que têm a dizer.
- Enviar-lhes, de vez em quando, um cartão com um bilhete (o correio tradicional, bem mais lento, é quase uma bênção hoje em dia).
- Parar tudo que está fazendo para brincar com eles sempre que estamos juntos.
- Lembrar dos aniversários.
- Abrir minha casa para jantares e bate-papos, quando eles estiverem crescendo.

A verdade é que minhas irmãs são tão maravilhosas que percebi que vai ser muito doloroso para elas se nossas sobrinhas e sobrinhos derem o título de tia favorita a mim (que pena!). Só espero que eles leiam esta história e mantenham o segredo para si mesmos, até o dia em que tornarão pública sua preferência ao aparecerem usando vermelho no meu velório!

Jesus, porém, disse: Deixai vir a mim as criancinhas e não as impeçais, porque o reino dos céus é para aqueles que se parecem com elas.

MATEUS 19:14

> **Quando Deus Se envolve em uma situação,
> tudo pode acontecer.
> Mostre-se aberto e permaneça assim.**
>
> Charles Swindoll

CAPÍTULO 17

A Longa Estrada para Casa

POR CAROL KENT

~~~

Stephanie tinha um novo emprego que exigia dela uma longa viagem. Nos dias úteis, morava em um pequeno conjugado em Atlanta, mas todo final de semana empreendia a tediosa viagem de cinco horas até sua casa em Jacksonville, na Flórida. Já conhecia a longa estrada como a palma da mão.

Uma sexta-feira à tarde, enquanto voltava do trabalho para casa, Stephanie se viu refletindo sobre a mais recente lição do seu grupo feminino de estudos sobre a Bíblia. O tema era encontrar algum contentamento no dia a dia, esperar sempre uma surpresa de Deus e se entregar à Sua orientação. Só que nesse dia Stephanie estava se sentindo em um buraco negro de desânimo tão profundo que beirava a depressão.

Vivia muito sozinha, depois de deixar o emprego anterior, que era gratificante e lhe permitia muita interação com clientes e colegas em eventos sociais. Já o novo emprego lhe dava uma terrível sensação de isolamento. Quando Stephanie tomou a decisão de largar o antigo emprego, acreditava que Deus a inspirara a sair de lá, mas agora o arrependimento e a solidão tinham substituído a confiança inicial. Ela sentia muita falta, em especial, dos grandes encontros nacionais entre os representantes comerciais, e aquela tarde específica de viagem de volta para a Flórida ainda foi mais penosa porque seus antigos colegas estavam, naquele mesmo dia, em um dos maiores eventos de vendas do ano.

Dirigindo pela estrada, ela clamou a Deus: *Por que estou aqui, Senhor? Não gosto de me sentir sozinha! Por que o Senhor permitiu que eu largasse aquele emprego e aceitasse esse? Gostaria de receber um sinal de ter tomado a decisão certa.*

Nesse instante, prestou atenção à letra do CD da banda Third Day que ouvia no carro. Eles falavam de uma luz no fim do túnel e cantavam, no refrão: "Você tem tanta coisa pela qual viver!"

Sim, vai sonhando, pensou. *Não me parece que eu esteja vivendo por nada que valha a pena no momento.* Stephanie sabia que aquela seria uma longa viagem para casa e precisava se distrair pensando em outra coisa. Lágrimas surgiram em seus olhos e escorreram pelo rosto. Ao olhar para fora do carro, reparou em um cão imenso. Parecia ser uma mistura de pit bull com rottweiler. Com ele estava um caroneiro que caminhava no acostamento, vestindo uniforme militar.

Cerca de um quilômetro depois, Stephanie ouviu um som muito familiar: *tump, tump, tump*. O ruído combinou com seu astral. Revirou os olhos e pensou: *De novo não! É meu terceiro pneu furado só este ano! Dá um tempo!* Levando o utilitário para o acostamento, deu início ao já familiar processo de pegar o estepe, posicionar o macaco debaixo do carro, erguer e se preparar para a troca. Mas logo o soldado caroneiro se aproximou do carro e ofereceu ajuda. Juntos, o trabalho foi bem mais fácil.

Stephanie pediu que ele contasse sua história. Ele disse que não conseguia mais carona nos caminhões por causa das novas leis de segurança, e nos ônibus o cão não era permitido. Ele vinha a pé desde Nashville, cidade onde seu carro tinha quebrado de vez. Ia para Miami, onde um conhecido lhe prometera emprego.

Uma sombra de medo pairou sobre Stephanie enquanto ela ponderava consigo mesma sobre o que fazer. Ainda estava de tarde, mas ela sabia o quanto era perigoso dar carona a estranhos na estrada. O rapaz tinha ajudado a trocar o pneu, mas ela não sabia quase nada sobre ele. Além do mais, o cão era grande e potencialmente agressivo.

Com muita hesitação e preces silenciosas, ela acabou oferecendo carona à dupla. Dozer, o mais peludo do estranho par, subiu no banco de trás, enquanto o rapaz se acomodava no banco do carona. Segundos depois, Dozer começou a dar lambidas entusiasmadas na nuca de Stephanie. Ela não resistiu e começou a rir diante de tamanha demonstração de afeto. Seu astral depressivo começou a mudar.

Mesmo assim, continuou insegura ao lembrar que tinha oferecido carona a um completo estranho. Assim que ligou o carro, o CD que ouvia antes voltou a tocar sozinho. Foi nesse momento que o rapaz de farda comentou, entusiasmado:

— Eu adoro Third Day! A música deles me levanta o astral... e, claro, sua gentileza também, com a carona. Dozer e eu estamos dormindo há alguns dias debaixo de pontes ou nos bosques. Você foi como uma bênção para nós!

Stephanie o ouvia com atenção enquanto passava por vários carros da polícia ao longo da rodovia. Acreditava estar fazendo a coisa certa e pensou em deixá-lo na próxima cidade. Nesse momento e ao mesmo tempo, eles viram um cartaz imenso que dizia, em letras garrafais: ESTE É UM SINAL DE DEUS.

O jovem soldado pensou em voz alta: "Viu só? Estava escrito que o pneu iria furar e que ela me daria uma carona!" Eles riram e continuaram a conversar por mais duas horas, parando só uma vez para comer alguma coisa. O rapaz falou da família e contou que tinha sido ferido. Stephanie ouviu que, por causa desse ferimento, ele estava voltando para casa depois de servir na Guerra do Iraque; soube que sua esposa o abandonara, levando os dois filhos e o carro, deixando para ele o velho que havia quebrado em Nashville.

Ela não tinha certeza sobre onde seria melhor deixá-lo. O sol começava a se pôr, e sabia que logo seria noite. Ao se aproximar da divisa com o estado da Flórida, começou a orar em silêncio: *Por favor, Senhor, faça com que apareça um hotel na próxima entrada, e que ele aceite cães. Me ilumine sobre o que fazer.*

Saiu da estrada no último retorno antes do entroncamento que a levaria para o leste, rumo à sua cidade. Para o rapaz, que seguia para Miami, aquele era o local ideal onde deveriam se separar.

Enquanto ele retirava a mochila do banco de trás, Dozer saltou do carro. Stephanie entrou no saguão do hotelzinho diante do qual havia estacionado e perguntou se aceitavam cães. Para sua surpresa, a atendente disse que sim. Ela abriu a bolsa e viu quanto tinha de dinheiro. Dava um total de 75 dólares.

— Quanto é a diária? — perguntou.

A atendente parou e começou a fazer contas de cabeça, olhando para o teto, e finalmente disse:

— Bem... Com as taxas e o pagamento extra pelo cão, a diária ficaria em 75 dólares.

Sentindo o toque de Deus nesse improvável encontro, Stephanie imediatamente pagou a moça.

Ao sair, entregou ao novo amigo a chave do quarto, onde ele poderia tomar uma ducha e ter uma boa noite de sono, e lhe garantiu que Dozer também era bem-vindo. O soldado demonstrou surpresa diante de um gesto tão gentil. No momento da despedida, os dois começaram a chorar. Depois de agradecer muito, ele a alertou:

— Stephanie, por favor, nunca mais dê carona a um estranho. Tem um monte de gente maluca por aí!

Ela prometeu seguir o conselho.

Saindo do hotel e pegando o retorno de volta à estrada, Stephanie percebeu que Deus havia enviado um estranho e seu cão em um fim de tarde muito especial, no momento certo em que ela precisava ser lembrada de que não estava sozinha, e que Ele tinha um propósito e um plano específicos para tudo que estava acontecendo em sua vida.

As lambidas carinhosas de Dozer e a companhia encorajadora do seu dono mudaram completamente aquela jornada para casa, e a fizeram analisar sob nova perspectiva a fase difícil da sua vida.

Naquela noite, ela se lembrou de algo muito importante: quando Deus parece ausente é quando Ele está mais presente, e sempre traz alegrias renovadas aos nossos corações quando seguimos Sua orientação.

Por que estás assim tão triste,
ó minha alma? Por que estás assim
tão perturbada dentro de mim?
Põe tua esperança e fixa teus olhos em Deus,
pois em breve tornarás a louvá-lo;
ele coloca sorrisos no teu rosto,
é o teu Salvador e o teu Deus.

ADAPTAÇÃO DE SALMOS 43:5

> Já desprezei os pensamentos de medo da morte.
> E ela estava apenas a um sopro, bem perto.
> Agora, porém, meus olhos viram além da dor e da sorte.
> E eu sei que existe um mundo a ser descoberto.
>
> Calvin Miller

CAPÍTULO 18

Voltando para Casa

POR JENNIE AFMAN DIMKOFF

Steve Campbell, de 41 anos, nunca permitiu que sua saúde frágil o impedisse de incentivar os outros a viver a própria vida da forma mais plena possível. Desde o primeiro derrame, aos 36 anos, passou por inúmeros atendimentos de emergência, incluindo três graves episódios de parada cardíaca, ocasiões que o trabalho dedicado da equipe médica conseguiu trazê-lo de volta. Na verdade, Steve tinha sido considerado clinicamente morto tantas vezes que as pessoas lhe perguntavam como eram as coisas "do lado de lá". Ele ria e respondia: "Devo ter algum tipo de amnésia, porque não me lembro de nada!"

Logo no início do dia, durante o café da manhã, ele estava numa lanchonete batendo um papo com outro cliente, incentivando-o a não desistir de seus sonhos, quando sofreu uma convulsão. Ao se recuperar, foi para casa e pagou todas as contas que iriam vencer (a cada semana ele se certificava de que estava tudo em ordem, só por garantia). Em seguida, foi almoçar com um grande amigo. Teve um derrame em pleno restaurante. Na pequena cidade onde morava, não era de estranhar que muitos frequentadores do restaurante conhecessem Steve. Uma amiga enfermeira estava almoçando no local e, quando ele se dobrou e caiu no chão, ela imediatamente realizou manobras de ressuscitação cardiopulmonar. Ele foi levado às pressas para o hospital mais próximo, que ficava a 30 minutos de distância.

Steve recebeu o diagnóstico de insuficiência cardíaca congestiva. Seu estado era tão crítico que a equipe médica não imaginou que Adelle, sua esposa, conseguiria chegar a tempo, mas chegou, bem como os dois filhos adolescentes do casal. Na verdade, Deus permitiu, de forma misericordiosa, que Steve tivesse mais cinco dias de vida para as despedidas.

Nos intervalos entre ciclos respiratórios progressivamente mais difíceis, ele trocou com a esposa, de 37 anos, e com os filhos Caleb, de 15 anos, e Melissa, de 13, palavras de despedida que eles guardariam por toda a vida.

Steve disse aos filhos que sua maior tristeza em partir era ter tido pouco tempo na companhia deles. Em seguida, lançou uma piscadela cúmplice e uma risada sutil para Adelle, agradecendo-lhe por ela ter mantido sua vida tão "espantosamente" ocupada. Adelle era enfermeira e, apesar da doença do marido, ele a incentivou a dar palestras pelo país e compartilhar com todos a sua notável história. Steve tinha sido seu maior incentivador, e queria que ela fosse independente e autoconfiante para conseguir ir em frente sem o marido, quando o momento chegasse.

A cada dia ele amanhecia mais ofegante, mas continuava preocupado com os sentimentos das pessoas que iam visitá-lo. Mesmo sofrendo dores insuportáveis, Steve conseguiu manter o senso de humor até o fim, e animava as pessoas que tentavam encorajá-lo.

Durante aqueles cinco preciosos dias, reviu, ao lado de Adelle, uma lista definitiva de tudo que ela teria de fazer quando ele morresse. O primeiro item da lista era organizar o serviço funerário. Depois, cuidar dos negócios e das despesas da casa, coisas que ele sempre havia gerenciado. Steve recapitulou tim-tim por tim-tim com a esposa, pois ela teria de estar no comando e tratar de tudo a partir de agora.

— Descanse um pouco, para ver se você se sente melhor.

— Não suporto mais, querida — murmurou ele, com um sorriso cansado.

No fim, ele removeu o próprio tubo de oxigênio, pois não queria mais respirar por meios artificiais. Adelle estava ao seu lado. Steve quis se sentar em uma poltrona reclinável que ficava na beira da cama, pois achava que talvez conseguisse respirar sozinho nessa posição, e, quem sabe, até dormisse um pouco. Adelle o ajudou. Ela se recostou na cama, ao lado dele, plenamente consciente da dificuldade respiratória do marido. Deve ter cochilado um pouco e, às cinco da manhã, acordou assustada com os equipamentos médicos, que começaram a apitar.

Pulando da cama, Adelle se ajoelhou no chão diante da poltrona, pegou uma das mãos de Steve, colocou-a entre as suas e a manteve ali. Ele abriu os olhos e usou o restante de forças que ainda tinha para colocar a mão direita sobre a dela e, olhando-a fixamente, disse: "Eu te amo demais." Logo em seguida, fechou os olhos e deixou-se levar desta vida para estar junto do Senhor.

Adelle ficou ajoelhada ali por algum tempo, saboreando aquele doce adeus. Depois de alguns minutos, ela se levantou, inclinou-se sobre o esposo e beijou-lhe a testa. Não houve desespero no leito. Steve e Adelle sabiam que, devido à gravidade do estado de saúde, cada dia poderia ser o último. Escolheram levar a vida sem arrependimentos, haviam criado recordações preciosas e aproveitado cada instante, sabendo que o momento do adeus se aproximava velozmente. Sentiam-se gratos a Deus por Ele ter permitido que a passagem fosse suave.

A hora exata da morte, segundo o registro do prontuário, foi 5h15 da manhã. Os enfermeiros chegaram em silêncio e colocaram o corpo sobre a cama. Os aparelhos de monitoramento estavam estranhamente silenciosos, e as telas, apagadas. Foi então que amigos mais chegados apareceram, se reuniram em torno da cama e o quarto não ficou mais em silêncio. Em vez disso, o ar se encheu com as doces notas do belíssimo hino *Amazing Grace* acompanhadas de palavras profundas e reverentes de louvor retiradas da doxologia cristã: *Glória ao Senhor, de onde fluem todas as bênçãos. Que seja louvado por todas as criaturas vivas. Glória Àquele que está acima das hostes celestiais. Glória ao Pai, ao Filho e ao Espírito Santo. Amém.*

Bem-aventurados os que acham ter perdido o que lhes é mais amado, pois só assim poderão ser abraçados por aquele que é, verdadeiramente, o mais querido.

ADAPTAÇÃO DE MATEUS 5:4

> **Ganhamos a vida com o que conseguimos obter,
> mas construímos a vida com o que conseguimos dar.**
>
> Sir Winston Churchill

CAPÍTULO 19

Cerejas Cobertas de Chocolate

POR CAROL KENT

~~~

Gene colocou o fone no gancho e simplesmente disse: — Meu pai se foi. Deitou-se tranquilamente para dormir ontem à noite e não acordou mais. O velório será no sábado. Eu nem sequer tive a chance de me despedir.

Seis semanas antes, papai voara para a Flórida para dar a si mesmo uma trégua da neve e passar algum tempo conosco, em família. Tinha 82 anos e sofria de vários problemas de saúde, então ficamos empolgados ao vê-lo disposto a enfrentar a viagem. Papai não entrava em um avião desde que servira no Exército, com vinte e poucos anos, e adorou rever a Terra do alto.

As duas semanas que se seguiram foram repletas de atividades. A feirinha de pulgas foi o primeiro lugar a ser visitado. Trata-se de um quilômetro quadrado de pequenos estandes que exibem todos os tipos possíveis e imagináveis de roupas, artesanato, peças em couro, enfeites de jardim e joias, e novos ou usados, e a preços muito reduzidos. Papai escolheu cuidadosamente itens que sabia que seus netos iriam adorar receber de presente. Depois fomos ao Festival de Morangos, em Plant City. Todos se empanturraram com as maiores tortas de morango que havia no menu. Além, é claro, do sorvete de baunilha por cima e muito chantilly. Papai vivia intensamente cada momento, puxou conversa com as garçonetes e mexeu com as crianças em volta, mais brincalhão do que nunca. Analisando agora, acho que ele percebeu que seu estado de saúde era delicado e sabia que a vida era um dom que não deveria ser desperdiçado nem aproveitado apenas superficialmente.

Ao longo daquela visita de duas semanas, reparamos que quando papai saía de casa sempre voltava com doces. Tinha um fraco por cerejas cobertas de chocolate e conseguia acabar sozinho com um pote de meio quilo. Às vezes, tentava esconder seu tesouro dentro de uma sacola de compras ou por baixo de um jornal; quando achava que ninguém estava olhando, jogava uma daquelas gostosuras na boca. Seus olhos brilhavam como os de um menino levado que guarda um segredo.

Nosso momento predileto eram os jantares em família. Papai curtia muito contar as experiências e casos de quando trabalhava na rede ferroviária, mas também nutria uma nova paixão. Ele e a esposa faziam trabalho voluntário em uma cozinha comunitária que fornecia refeições para moradores de rua. Aquela era, atualmente, a grande alegria da sua vida: ajudar pessoas pobres e carentes.

Várias vezes durante sua visita, papai foi a uma livraria cristã e comprou alguns DVDs com hinos famosos e legendados para a plateia cantar junto. Como tinha graves problemas de audição, eu me vi franzindo os olhos certo dia, quando ele aumentou o volume da TV até um nível desconfortavelmente alto. Logo depois, porém, ouvi um som surpreendente. Era o papai cantando todo desafinado, mas acompanhando o vídeo. A canção falava do Paraíso. Vi que seus olhos se fecharam e um sorriso sutil enfeitou-lhe os lábios. Eu sabia que papai pensava no lugar glorioso para onde iria dentro em breve. O volume alto do som deixou de me incomodar e eu adorei a beleza comovente daquele momento.

～

O velório aconteceu na véspera do Domingo de Páscoa. Ao longo das semanas que se seguiram, percebi que meu marido, que geralmente tinha um astral elevadíssimo, se tornara melancólico. Certa manhã, ao entrar em seu escritório, vi uma caixa de cerejas cobertas de chocolate sobre a mesa, pela metade. Ele obviamente já tinha comido várias antes de eu chegar.

— Gene do céu!!! — exclamei. — Eu não sabia que você *amava* cerejas com cobertura de chocolate. O que está acontecendo?

— Na semana retrasada, ao arrumar minhas gavetas, achei uma pilha de cartões de Natal do ano passado. Um deles foi enviado pelo meu pai. Era um cartão-presente do Walmart no valor de 30 dólares. De repente, ao abri-lo, percebi que esse foi o último presente que eu ganhei do meu velho. Eu preciso gastar esse dinheiro em algo digno da memória dele, e pensei que a decisão viria com facilidade se eu comesse uma caixa de cerejas cobertas de chocolate. Funcionou! Já descobri o que comprar. Você está livre agora para ir comigo ao supermercado?

Entramos no carro e fomos até o Walmart. O rosto de Gene refletia uma mudança completa em sua disposição.

Ele parecia exultante quando pegou o carrinho e foi direto para a seção de mercearia. Precisei apressar o passo para conseguir acompanhá-lo. Começou pegando comida industrializada das prateleiras: muitas sopas, vários tipos de vegetais em conserva, caixas de suco de frutas, quase um quilo de fiambre e duas latas de sardinhas.

— Comíamos muito fiambre quando eu era menino, e meu pai também adorava sardinhas em lata — explicou ele a caminho do caixa, mas, lógico, ainda deu mais uma paradinha para pegar um pacote de cerejas cobertas de chocolate e colocar no seu carrinho já lotado de mercadorias incomuns.

Com um sorriso no rosto, pegou o cartão-presente como se fosse um tesouro e o entregou à moça do caixa, acompanhado de várias notas a mais que pegou na carteira. Confesso que eu ainda estava um pouco perplexa com o comportamento alegre dele enquanto guardava as sacolas na mala do carro. Gene seguiu para o Centro da cidade e estacionou diante do abrigo local. Desapareceu lá dentro com as sacolas, mas eu reparei que ele deixou a caixa de cerejas cobertas de chocolate no banco do motorista. Sorri ao compreender a alegria de meu marido. Vi que ele estava honrando a memória do seu pai doando comida para os sem-teto e para as pessoas necessitadas da nossa comunidade.

Quando Gene voltou, abriu a porta do carro, me puxou para fora com uma das mãos e pegou as cerejas cobertas de chocolate com a outra.

— Vamos tomar um café ali na esquina para celebrar a vida de meu pai. Ele adorava ajudar pessoas necessitadas, e seu exemplo de generosidade para com o próximo foi a coisa que mais causou impacto na minha vida.

Naquela tarde, tomamos café com biscoitos e comemos muitas cerejas cobertas de chocolate — muitas mesmo! —, enquanto conversávamos sobre as maravilhas de uma vida dedicada a servir ao próximo.

Dou graças ao meu Deus todas as vezes que me lembro de vós.

EPÍSTOLA AOS FILIPENSES 1:3

AGRADECIMENTOS

A inspiração para escrever *Milagres do Ágape* surgiu por termos crescido ouvindo histórias que nossa mãe nos contava lá na infância, muitas delas da época em que ainda éramos bebês. Nós observávamos atentamente sua inflexão vocal dramática enquanto as tramas eram desenvolvidas. Ouvíamos tudo com a respiração em suspenso, especulando sobre como os enredos iriam se desenrolar e o que aconteceria aos nossos personagens prediletos. Devido a essa influência de mamãe, começamos a contar histórias aos amigos muito antes de imaginar que ambas iríamos nos tornar autoras de livros e também palestrantes. O que sabemos com certeza é que foi nossa mãe querida, Pauline Afman, que nos ensinou a arte de contar histórias, e somos imensamente gratas a ela por isso.

Uma obra como esta não poderia ter sido escrita sem o envolvimento das muitas pessoas que compartilharam suas jornadas pessoais conosco e permitiram que colocássemos no papel os encontros que tiveram com o admirável toque de Deus em suas vidas. Todos os relatos milagrosos deste livro são experiências verdadeiras, reais, de pessoas comuns que descobriram a esperança em meio a situações incomuns ou desafiadoras. Somos muito gratas às generosas contribuições de todos aqueles que participaram do projeto.

Um imenso "obrigado" vai para Cindy Lambert, por ter a ideia de um livro deste tipo, e, logicamente, para John e Chrys Howard, que souberam reconhecer o potencial que estas histórias tinham para emocionar e motivar.

Agradecemos a Philis Boultinghouse e a Jessica Wong por sua excelente direção editorial. Nosso carinho vai também para a Howard Books, por tornar possível que estes milagres fossem de fato publicados.

Por fim, e acima de tudo, somos gratas a você, nosso leitor e nossa leitora. Serão vocês que verdadeiramente darão asas a este livro e farão com que estas poderosas histórias sigam vivas e cheguem aos ouvidos e às mãos de muitas outras pessoas.

Fique com Deus e muito obrigada!